―――――――

品牌建设与管理经典译丛
The Classic Translated Series of Brand Building and Management

总主编　杨世伟

WILEY

人文品牌
如何建立品牌与人、产品、公司之间的关系

HOW WE RELATE TO PEOPLE,
PRODUCTS, AND COMPANIES

THE HUMAN BRAND

[美] 克里斯·马隆（Chris Malone）　苏珊·T. 菲斯克（Susan T. Fiske）◎著

刘婷婷　宁乐◎译

经济管理出版社
ECONOMY & MANAGEMENT PUBLISHING HOUSE

北京市版权局著作权合同登记：图字：01-2017-1589

THE HUMAN BRAND：HOW WE RELATE TO PEOPLE，PRODUCTS，AND COMPANIES
Copyright ⓒ 2013 by Chris Malone and Susan T. Fiske. All rights reserved.
原书 ISBN 978-1-118-61131-9
Published by Jossey-Bass，A Wiley Brand
Chinese Translation（Simplified Characters）Copyright ⓒ 2017 by Economy & Management Publishing House

图书在版编目（CIP）数据

人文品牌：如何建立品牌与人、产品、公司之间的关系/（美）克里斯·马隆，（美）苏珊·T.菲斯克著；刘婷婷，宁乐译. —北京：经济管理出版社，2017.6
（品牌建设与管理经典译丛）
ISBN 978-7-5096-4631-1

Ⅰ.①人… Ⅱ.①克… ②苏… ③刘… ④宁… Ⅲ.①企业战略—品牌战略 Ⅳ.①F272.1

中国版本图书馆 CIP 数据核字（2016）第 237847 号

组稿编辑：梁植睿
责任编辑：梁植睿
责任印制：黄章平
责任校对：超　凡

出版发行：经济管理出版社
　　　　　（北京市海淀区北蜂窝 8 号中雅大厦 A 座 11 层　100038）
网　　址：www. E-mp. com. cn
电　　话：（010）51915602
印　　刷：玉田县昊达印刷有限公司
经　　销：新华书店
开　　本：710mm×1000mm/16
印　　张：13.25
字　　数：177 千字
版　　次：2017 年 6 月第 1 版　2017 年 6 月第 1 次印刷
书　　号：ISBN 978-7-5096-4631-1
定　　价：55.00 元

《人文品牌》收获的赞誉
ACKNOWLEDGMENTS

"今天的科学技术令市场营销看上去更加复杂了。事实却从来不是如此——尤其是那些像'街角的小卖店'一样思考和行事的品牌。人们与所购商品以及与销售商品的人之间的关系才是最重要的。几代人以来一直如此。关键在于如何让大品牌看起来'像小卖店一样亲切'。《人文品牌》这本书透过电子时代'营销本地化'的层层迷雾告诉我们一个简单的道理：人与人之间的连接才是制胜的法宝。"

——帕特里克·多伊尔，达美乐比萨股份有限公司总裁兼首席执行官

"如何才能赢得他人的长期支持？在创建重要关系方面，克里斯和苏珊为我们提供了根本却又深刻的见解，鼓励我们迎接挑战，'从幕后走出来'，以勇气、信仰和爱心带领公司前行。品牌人性化和领导阶层人性化在企业成功方面发挥了前所未有的、至关重要的作用。"

——杰·古尔德，美标总裁兼首席执行官

"通过带领我们重新关注生存的原始基础，《人文品牌》一书在厘清商业成功的真正动因方面做出了重大贡献。如果你关心自己的公司和品牌，想

要知道如何吸引客户，创建并维系持久、稳固的客户关系，那么一定要读一读这本书。"

——苏珊·福尼尔，《客户与品牌之间的关系》的作者之一，

波士顿大学管理学院教授

"在喧嚣躁动、纷繁复杂的商场中，《人文品牌》一书关于如何维系忠诚的客户关系的深刻见解对公司而言至关重要，是无价之宝。"

——约翰·威廉姆斯，东塔纸业公司总裁兼首席执行官

"《人文品牌》一书改写了我们在建立校友关系和获得经济支持方面的理念和方法。我校在这两方面取得的成果正是得益于校友关系的复苏，这是对热忱、能力和有益意图等永恒原则的适时证明。"

——丹尼尔·科伦，戴顿大学校长

"马隆和菲斯克通过新的证据有力地证明了过度关注股东的短期利益的危害。对于任何想要在这样一个风云际会的年代赢得顾客信赖、保持顾客忠诚度的企业，阅读这本案例详实的书会大有裨益。"

——诺瑞娜·赫兹，著有《当企业收购国家》和《决策的智慧》，

德伊森贝赫金融学院教授

"《人文品牌》一书深刻剖析了为什么 B 型公司能够吸引到最具才干和爱心的顾客，以及这类公司为社会和股东带来源源不断的利益的原因。"

——杰伊·科恩·吉尔伯特，B 型实验室创始人之一

品牌建设与管理经典译丛
专家委员会

序 言
PREFACE

2014年5月，习近平总书记在河南视察时提出，要推动"中国制造向中国创造转变、中国速度向中国质量转变、中国产品向中国品牌转变"。习总书记"三个转变"的精辟论述将品牌建设提高到了新的战略高度，尤其是在国际经济环境不确定和当前中国经济发展多起叠加背景下，意义更是十分重大，为中国品牌建设指明了方向。

2016年6月，国务院办公厅发布的《关于发挥品牌引领作用推动供需结构升级的意见》（国办发〔2016〕44号）明确提出：按照党中央、国务院关于推进供给侧结构性改革的总体要求，积极探索有效路径和方法，更好发挥品牌引领作用，加快推动供给结构优化升级，适应引领需求结构优化升级，为经济发展提供持续动力。以发挥品牌引领作用为切入点，充分发挥市场决定性作用、企业主体作用、政府推动作用和社会参与作用，围绕优化政策法规环境、提高企业综合竞争力、营造良好社会氛围，大力实施品牌基础建设工程、供给结构升级工程、需求结构升级工程，增品种、提品质、创品牌，提高供给体系的质量和效率，满足居民消费升级需求，扩大国内消费需求，引导境外消费回流，推动供给总量、供给结构更好地适应需求总量、需求结构的发展变化。

2017 年 3 月，李克强总理在 2017 年政府工作报告中明确提出，广泛开展质量提升行动，加强全面质量管理，健全优胜劣汰质量竞争机制。质量之魂，存于匠心。要大力弘扬工匠精神，厚植工匠文化，恪尽职业操守，崇尚精益求精，培育众多"中国工匠"，打造更多享誉世界的"中国品牌"，推动中国经济发展进入质量时代。

改革开放以来，中国在品牌建设实践中积累了丰富的成功经验，也经历过沉痛的失败教训。

中国企业从 20 世纪 80 年代中期开始了品牌建设的实践。1984 年 11 月，双星集团（前身是青岛橡胶九厂）时任党委书记汪海举行了新闻发布会，这成为国有企业中第一个以企业的名义召开的新闻发布会，集团给到会记者每人发了一双高档旅游鞋和几十元红包，这在当时是前所未有的。此事件之后，"双星"品牌红遍全国。1985 年 12 月，海尔集团的前身——青岛冰箱总厂的张瑞敏"砸冰箱"事件，标志着中国企业开始自觉树立品牌的质量意识。从那时起，海尔坚持通过品牌建设实现了全球的本土化生产。据世界权威市场调查机构欧睿国际（Euromonitor）发布的 2014 年全球大型家用电器调查数据显示，海尔大型家用电器品牌零售量占全球市场的 10.2%，位居全球第一，这是海尔大型家电零售量第六次蝉联全球第一，占比更首次突破两位数。同时，海尔冰箱、洗衣机、冷柜、酒柜的全球品牌份额也分别继续蝉联全球第一。

改革开放以来，我们在品牌建设过程中也经历过沉痛的失败教训。早在 20 世纪 80 年代，在利益的驱动下，政府颁发奖项名目繁多，十年评出 6000 多个国家金奖、银奖和省优部优，这种无序的系列评选活动被国家强制叫停。国家层面的评奖没有了，社会上"卖金牌"的评审机构如雨后春笋，达到 2000 多个，这严重误导了消费，扰乱了市场秩序。21 世纪初国务院批准评选中国名牌和世界名牌，直到 2008 年"三鹿奶粉"恶性质量案件的披露，导致评选中国名牌和世界名牌的工作瞬间叫停。

正如中国品牌建设促进会理事长刘平均在 2017 年"两会"采访时所说，

由于缺乏品牌的正能量引导，消费者变得无所适从，再加上假冒伪劣问题屡见报章，消费者逐渐对国产品牌失去信任，出现了热衷于消费海外产品的现象。打造和培育知名品牌，引领产业升级和供给侧改革，是当务之急。要尽快建立健全我国国内知名品牌和国际知名品牌的产生机制，把李克强总理所说的"打造享誉世界的中国品牌"落到实处。

2011年，《国民经济和社会发展第十二个五年规划纲要》提出了"推动自主品牌建设，提升品牌价值和效应，加快发展拥有国际知名品牌和国际竞争力的大型企业"的要求。为贯彻落实这个规划精神，工信部、国资委、商务部、农业部、国家质检总局、工商总局等部门非常重视，分别从不同的角度发布了一系列品牌建设的指导意见。工信部等七部委于2011年7月联合发布了《关于加快我国工业企业品牌建设的指导意见》，为工业企业品牌建设引领了方向并提供了政策支撑。国家质检总局于2011年8月发布了《关于加强品牌建设的指导意见》，明确了加强品牌建设的指导思想和基本原则、重点领域、主要措施和组织实施。国务院国有资产监督管理委员会于2011年9月发布了《关于开展委管协会品牌建设工作的指导意见》，为委管协会品牌建设工作明确了方向。这一系列相关政策的发布，在政策层面上为中国品牌建设给予了保障，为全面加强中国品牌建设、实施品牌强国战略、加快培育一批拥有知识产权和质量竞争力的知名品牌明确了原则和方向。

进入21世纪后，尽管中国品牌工作推进缓慢，但中国企业在品牌建设上做了诸多尝试。以联想集团收购IBM-PC品牌、吉利汽车集团收购沃尔沃品牌为标志，开始了中国企业收购国外品牌的过程。这说明中国的经济实力在增强，中国的企业在壮大，也说明了中国的品牌实力在增强，实现了从无到有和从小到大的转变。

品牌是企业生存和发展的灵魂，品牌建设是一个企业长期积淀、文化积累和品质提升的过程，一个成功的品牌需要经历品牌建设和管理，品牌建设包括品牌定位、品牌规划、品牌形象、品牌扩张等。中国的品牌崛起之路也不会一蹴而就，需要经历一个培育、发展、成长、成熟的过程。

在世界品牌实验室（World Brand Lab）发布的 2016 年"世界品牌 500 强"排行榜中，美国占据 227 席，仍然是当之无愧的品牌强国，继续保持明显领先优势；英国、法国均以 41 个品牌入选，并列第二；日本、中国、德国、瑞士和意大利分别有 37 个、36 个、26 个、19 个和 17 个品牌入选，位列第三阵营。从表 1 中可以看出，美国在 2016 年"世界品牌 500 强"中占据了近 45.4%，中国只占 7.2%，而中国制造业增加值在世界占比达到 20% 以上，由此可以看出，中国还是一个品牌弱国，中国在品牌建设与管理的道路上还有很长的路要走，有大量的工作要做。但是从 2013~2016 年的增长来说，中国品牌的增长趋势是最快的，从 25 位升至 36 位，而其他国家则基本微弱增长或减少。

表1　2013~2016 年"世界品牌 500 强"入选数量最多的国家

排名	国家	入选数量（个）				代表性品牌	趋势
		2016 年	2015 年	2014 年	2013 年		
1	美国	227	228	227	232	谷歌、苹果、亚马逊、通用汽车、微软	降
2	英国	41	44	42	39	联合利华、汇丰、汤森路透、沃达丰	升
3	法国	41	42	44	47	路易威登、香奈儿、迪奥、雷诺、轩尼诗	降
4	日本	37	37	39	41	丰田、佳能、本田、索尼、松下、花王	降
5	中国	36	31	29	25	国家电网、工行、腾讯、中央电视台、海尔	升
6	德国	26	25	23	23	梅赛德斯-奔驰、宝马、思爱普、大众	升
7	瑞士	19	22	21	21	雀巢、劳力士、瑞信、阿第克	降
8	意大利	17	17	18	18	菲亚特、古琦、电通、法拉利、普拉达	降
9	荷兰	8	8	8	9	壳牌、飞利浦、喜力、TNT、毕马威	降
10	瑞典	7	7	7	7	宜家、H&M、诺贝尔奖、伊莱克斯	平

为了实现党中央、国务院关于推进供给侧结构性改革提出的总体要求，发挥品牌引领作用推动供需结构升级，着力解决制约品牌发展和供需结构升级的突出问题。必须加快政府职能转变，创新管理和服务方式。完善标准体系，提高计量能力、检验检测能力、认证认可服务能力、质量控制和技术评

价能力，不断夯实质量技术基础。企业加大品牌建设投入，增强自主创新能力，追求卓越质量，不断丰富产品品种，提升产品品质，建立品牌管理体系，提高品牌培育能力。加强人才队伍建设，发挥企业家领军作用，培养引进品牌管理专业人才，造就一大批技艺精湛、技术高超的技能人才，切实提高企业综合竞争力。坚持正确舆论导向，关注自主品牌成长，讲好中国品牌故事。

中国品牌建设促进会确定了未来十年要打造 120 个农产品的国际知名品牌，500 个制造业的国际知名品牌，200 个服务业国际知名品牌的目标。加强品牌管理和品牌建设将成为推进供给侧结构性改革的总体要求下经济发展的重要举措。

为了推进中国品牌建设和品牌管理工作，借鉴发达国家的品牌管理理论研究和品牌管理实践，中国企业管理研究会品牌专业委员会组织国内专家学者翻译一系列品牌建设和品牌管理相关著作，愿本套丛书的出版能为中国的品牌建设和品牌管理提供有价值的思想、理念和方法。翻译是一项繁重的工作，在此对参与翻译的专家学者表示感谢，但囿于水平、能力，加之时间紧迫，如有不足之处，希望国内外专家学者批评指正。

丛书总主编　　杨世伟

2017 年 3 月 15 日

译者序
TRANSLATOR PREFACE

《人文品牌》一书生动、翔实地分析了企业在创建和维系品牌知名度、建立忠诚的客户关系以及获得长期利益方面不可或缺的关键要素——热忱与能力。热忱与能力原则并非高高在上、佶屈聱牙的抽象理论，而是放之四海而皆准的普适性真理，它们可以帮助诸多企业和品牌化解现实中的实际问题，搭建友好、和谐的顾客关系。书中大量鲜活的例子印证了这一原则在实际商业关系中的巨大动能。

书中提到的好时、美捷步、诚实茶等成功品牌在生产经营的过程中都不约而同地彰显了公司的"人性"。它们真正从顾客的利益出发，想顾客之所想，急顾客之所急。"行善得福、利成于益"是这些公司的经营理念，也是它们立于不败之地的法宝。对于处在经济转型期间的中国企业，这一原则尤显宝贵。如何在众多国内外企业的竞争中脱颖而出？如何在各类同质企业的夹击中捕获忠诚的顾客？如何跳出无序冗长的价格战？如何摆脱质次价廉的刻板印象？这些是每一位企业家都在寻求解决的问题，同时也是每一位从事商业研究的学者需要思考的问题。《人文品牌》这本书恰好在这个时刻醍醐灌顶，为我们提供了新的视角，帮助我们重新审视企业发展的动因和策略。

在本书的翻译过程中，我们通力合作，共同分析了本书的主旨大意，研究了本书阐释的深刻道理。我们发现，"热忱与能力"这一原则不仅适用于商业发展，同时也适用于人类社会内部的各种关系。现代社会存在的孤独、自私、异化等社会现象实际上反映的是热忱的缺失以及人们对它的渴望。当这一渴望得不到满足时，人们倾向于转向它的对立面，然后将自己包裹起来抵御外部世界的寒冷和冷漠。"热忱与能力"原则可以帮助我们在保护自己的同时，敞开心扉，去认识、理解、接纳这个世界。在这一过程中，同理心起到了至关重要的作用。当越来越多的电子产品取代面对面的交流时，当经济利益变得高于其他关系时，当这个世界变得似乎更加复杂时，我们不妨卸下伪装，扪心自问：我们真正需要的是什么？也许我们可以跟随本书的作者一起追忆远古的祖先，探寻人类世界最初的社会关系，或许我们会发现唯有最质朴、最原始的情感才会撩动你我的心弦。对于理解的渴望、对于爱的追寻是我们前进的最大动力。

　　本书最为动人的地方就在于两位研究者能从人的内心出发，研究"人性"在品牌管理和经营方面的作用。在翻译的过程中，我们受益匪浅，对于能够承担此书的翻译工作心存感激，倍感荣幸。在翻译过程中，我们共同承担了引言部分的翻译，第1章、第2章和第3章由宁乐翻译，第4章、第5章、第6章、第7章以及其他相关内容由刘婷婷翻译。在此，译者感谢本书中文版编辑的鼎力相助，正是他们细致入微的辛劳、他们对事业的热忱和出色的业务能力令这本充满人文关怀的作品最终得以付梓。

译者：刘婷婷　宁　乐

致我美丽的妻子贝丝，和我们优秀的儿子查理、亨利和帕特里克。你们是我永远的挚爱、骄傲、动力和灵感。

——克里斯·马隆

致给予我大力支持的丈夫道格·梅西，以及我们出色的孩子杰夫、莉迪亚、瓦妮莎。21 年的家庭生活是我生命中最宝贵的快乐源泉。

——苏珊·T.菲斯克

致　谢
ACKNOWLEDGMENTS

希望本书能够为读者——无论您是顾客还是思考顾客关系的人——提供帮助。

每本书的付梓出版都实属不易，衷心感谢为本书的写作和出版辛苦忙碌的所有人。首先感谢的是对本书充满期待的代理商吉姆·莱文和支持我们早期设想的代理商吉尔·托滕伯格。感谢编辑凯伦·墨菲从本书最初的设计到最终定稿所给予的指导。诺埃尔·韦里奇和布鲁斯·塔克在本书的框架和语态设计方面提供了大力支持，并帮助我们打磨、精练观点。对于每个为我们提出体贴、细心和富有建设性意见的人，我们深表感谢。

本书针对"热忱与能力"模型进行了大量的学术研究，其中许多相关度很高的研究由我们的合作者、博士后访问学者尼古拉斯·科尔文和普林斯顿大学苏珊·菲斯克实验室的成员共同完成。针对该模型对于公司和品牌意义的研究由克里斯的同事们协助完成，包括康迪思·贝内特、比尔·布莱、里克·卡朋特、唐纳德·克劳福德、琳恩·菲斯梅尔、凯南·柯先科、史蒂夫·麦克马洪、阿什利·菲利普斯、迈克尔·辛克莱和埃里克·赛德尔。

尤其要感谢来自各个公司和品牌的专家们，百忙之中拨冗参与克里斯的访问。他们包括约翰·比德尔、格雷格·布朗、史蒂夫·坎农、蒂姆·科斯特、鲍勃·狄克爱、迈克·法赫蒂、凯利·费迪思、乔·哈格、戴夫·哈珀、琳达·詹金森、格蕾丝·金、迈克尔·柯莱特、孙达尔·库马拉萨米、汤姆·拉夫热、埃德·马丁、佩德罗·马萨、安德鲁·帕金森、安德鲁·龙德皮埃尔、弗雷德·罗斯特、斯坦·森那南森以及拉塞尔·韦纳。

此外，我们收到了许多热情的支持者提供的宝贵信息、建议和帮助，包括吉尔·埃弗里、安杰拉·卡森、巴里·盖思曼、伊兰·杰瓦、彼特·格里克、诺瑞娜·赫兹、肯·柯泽尔斯基、迈克尔·洛文施泰因、维多利亚·波特、肖恩·奥托、加里·尚策和弗兰克·斯特伦克，对于他们的支持我们深表感谢。特别要感谢埃德·华莱士，他对商业关系的研究引导克里斯走上这条与苏珊合作的研究之路，并最终完成了这本书的创作。

最后，要感谢我们各自的家庭，为了尽快完成创作计划，家人们给予了我们无限的鼓励与包容。他们的绵绵爱意与支持是我们不断前进的不竭动力，他们的"热忱与能力"毋庸置疑、难以置信。

目 录
CONTENTS

6 **展露你的本色**

7 **顾客关系复兴**

❶ 回到未来
为什么眼前的未来与遥远的过去如此相像

2000 年 5 月下旬，电视真人秀节目《幸存者》（*Survivor*）首次登上荧屏，吸引了 1500 万名观众。在节目中，古老的部落与现代生活交织在一起——获胜者将获得 100 万美元的大奖。《幸存者》在阵亡将士纪念日之后开播，此时夏季收视率的低迷时期刚刚开始。然而，在 8 月末《幸存者》第一季收官之际，它已为第二季赢得了 5100 万名观众，当年的收视率排名第二，仅次于超级碗。[1]

在接下来的十几年里，《幸存者》成为哥伦比亚广播公司经久不衰的收视率保证。由此衍生出一批此类型的真人秀节目——角逐最后的幸存者。它们为什么广受欢迎呢？或许是在这些节目的编排中，融入了我们与生俱来就认识并欣赏的一些元素——原始人类为生存进行的抗争和人类为了生存所具备的卓越技能，包括如何认知、判断以及创建相互协助关系。《幸存者》及其模仿类节目根植于史前文明，带领我们窥探永恒与不朽，洞察人类生命的真谛。

社会心理学家推断，在人类为生存抗争的过程中，原始人进化出一种最初的、无意识的能力，用以快速、准确做出两种明确的判断：其他人对我有什么企图？他们有什么样的能力实现这种企图？现在，我们也以这两

1

2

种社会认知手段极其迅速地做出对他人的判断，这就是"热忱与能力"。

一个既有热忱又有能力的人会令我们由衷地信任和钦佩，我们想要和这样的人建立长期关系。但是，一个只有能力而毫无热忱的人往往令我们嫉妒、怀疑。那些热忱有余、能力不足的人则令人同情和怜悯。热忱、能力均匮乏的人则往往让人鄙视、厌恶。

基于这些准则，远古祖先依靠对他人做出快速判断的能力得以生存。经由严酷、无情的自然选择，历尽风霜岁月的检验，历经千辛万苦后，这种社会思维方式已经根深蒂固。人类凭此掌控着我们的星球。这一原始而真实存在的幸存者游戏依然在塑造着如今的社会交往。

这种能力历经时间检验，而我们只是几千年来传承这一能力的又一代人。我们把它应用到所有的关系当中，包括与商业交易相关的任何关系。正是基于这种热忱与能力，我们与品牌及其背后的公司建立了某种关系。与人一样，公司和品牌都能够激发出这些与生俱来的原始情感。对于提供优质服务的公司和品牌，我们喜爱并钦佩。那些提供劣质服务的公司则令人倍感侮辱甚至感到愤怒。

3

致普林斯顿的一封信

2009 年克里斯第一次偶然接触到关于热忱与能力的学术研究，并开始考虑这些研究背后的社会科学，能否解释我们与公司和品牌之间建立起来的各种关系，如忠诚关系。他曾在宝洁公司和可口可乐公司做市场营销工作，并在美国职业篮球联赛和北美冰球联赛做职业运动员推广。基于这些经验，克里斯将热忱与能力理论和消费者关系研究融合在一起，起草了一份白皮书。2010 年 5 月，克里斯在未经苏珊允许的情况下将这份白皮书的以电子邮件的形式发送给她。邮件开篇写道："我对你的研究非常感兴趣，是你的一名粉丝……"他提议两人共进午餐，讨论可能开展合作的相关领域。

作为普林斯顿大学心理学和公共事务领域的"尤金·希金斯"教授，苏珊做过大量关于热忱与能力的学术研究，并出版了相关文章和著作，内容涉及对于热忱与能力的感知如何使普通人产生刻板印象、偏见和歧视等心理倾向。在20多年的时间里，她证实了这样一种社会现象：被社会上大多数人广泛接受的观点会导致人们对某一团体中的人产生刻板印象、情感偏见以及歧视行为，这些观点包括对于种族、性别、职业群体等概念的理解。

儿童时期，苏珊就感受到了祖母和外祖母的不同，她们拥有截然不同的热忱与能力。她的祖母热情、和蔼，是典型的祖母形象。关于祖母的最早记忆就是在漫长的旅途中，祖母从大大的口袋里掏出点心和金色的书，一路上为她大声朗读。另外，外祖母则完全不同。她是哈佛大学毕业的经济学家，是一个有距离感但却令人尊敬的人。据家族史记载，她完成了马萨诸塞州的第一次失业人口普查。但在苏珊的印象中，外祖母并不是一个热情、令人感到舒服的人。

多年后，苏珊开始考虑如何平衡家庭和事业。她似乎就像两位祖母当年所做的一样，在热忱与能力之间做出必要的权衡。苏珊对这个课题产生了更浓厚的兴趣，并开始做各种实验和调查进行深度探索。随着苏珊对"热忱与能力"理论的拓展，她和其他研究者发现在我们对他人所做的判断中，其中高达82%的部分能从这两个认知领域预判出来。[2]

克里斯和苏珊第一次会面后不久，就开始研究"热忱与能力"理论在公司和品牌方面的应用。从2010年6月开始，这个独特的合作团队通过10项独立研究，评估了超过45家公司和品牌，研究记录了许多大型公司和品牌在热忱与能力方面的缺失程度。他们被认为是自私、贪婪、只对眼前利益感兴趣的企业。事实上，几乎所有被调查的公司和品牌都未能达到消费者对它们的期待，无论是诚实度还是有益意图——表征热忱与能力的行为。

该研究还提供了令人震惊的心理学依据，证明为什么人们非常憎恨银行、石油公司和有线电视公司。不断追求更快、更大利润的压力使得这些公司以及其他产业的公司偏离了轨道，背离了获取信任的一切先决条件，而这正是顾客下意识里所期待的。然而，我们还可以从另一面看待这个问题，当一个非常注重热忱与能力的公司犯了错误、踯躅前行的时候，它能够修正错误，恢复回来，与顾客建立更真诚、信任、长久的关系。我们愿意原谅我们喜欢的公司，就像我们愿意原谅我们喜欢的人一样，只要我们看重这层关系，并且认为他们具备良好的意图。

这些见解同样适用于这个经济飞速变化、充满不确定性的年代。那些曾经不可一世的大公司和品牌在挣扎中渐渐失去市场份额，它们笃信的经营策略也备受质疑。美国航空公司遭受了规模更小、服务更友好的美国西南航空公司的围追堵截，正如盖璞①面临来自露露柠檬②的挑战。谁又能忘记曾经主宰 DVD 租赁市场的行业龙头百视达③？值得注意的是，它曾通过对逾期不还的 DVD 进行罚款来获利。当网飞公司④携带其无罚款政策进军 DVD 租赁市场后，短短几年的时间里百视达就深陷倒闭的泥潭。网飞公司的模式代表了公司获利与顾客满意度之间一个更为健康的关系。

美国人已经清楚地知道"更大"并不代表"更好"。对一些美国最知名的品牌而言，最大甚至意味着最糟糕。与此同时，许多小型公司和品牌

---

① 盖璞（GAP），美国最大的服装公司之一，是拥有 3 个品牌（GAP、BananaRepublic、OldNavy）、4200 多家连锁店、年收入超过 130 亿美元、员工 16.5 万人的跨国公司——译者注（本书所有脚注均为译者注）。

② 露露柠檬（Lululemon），瑜伽服装品牌。

③ 百视达（Blockbuster），曾为美国录影带租赁连锁店龙头企业。

④ 网飞公司（Netflix），一家在线影片租赁提供商。公司能够提供超大数量的 DVD，而且能够让顾客快速方便地挑选影片，同时免费递送。

则快速发展，以更少的资源和不同的经营理念填补了市场空白。许多后起之秀都是受目的型任务指引，它们在为提供的产品和服务进行宣传的同时，也以自然人的身份讲述它们的故事。它们与我们更亲密，满足了我们对热忱与能力的自然需求。

　　大型民族品牌与顾客之间的分歧在这几十年里逐渐形成，渐渐扩大。在顾客眼里，老牌公司只做宣传，而不倾听；一味向我们兜售已有的产品。它们没有弹性，不灵活，因为要遵守严格的制度确保高效和一致——因而闭目塞听，孤冷高傲。正在阅读这本书的读者一定很清楚，大公司以及在这些公司工作的人们已经习惯了背离我们对于热忱与能力的自然诉求，人为地限制我们的期待。

市场营销的中世纪^①

6

　　1882 年，法国画家爱德华·马奈的印象主义剧作《女神游乐场的酒吧》问世。画中描绘了一个简单的场景，年轻的酒吧女招待在画面中央，身前是摆满酒的吧台。在画布最右边的角落里有一瓶棕色的麦芽酒，可以清楚地看到商标上画着一个亮红色的三角形——这无疑是英国酿酒公司贝斯公司^②的商标。马奈于 1883 年逝世，享年 51 岁。《女神游乐场的酒吧》是其生前最后一幅重要画作，但与其他作品相比，这幅作品有些不同。它有可能是第一幅描绘商标的艺术画作。

　　与欧洲和美国的大多数城市一样，1882 年的巴黎正在经历快速的变

---

　　① 中世纪：中世纪结束于文艺复兴和大航海时代，在欧美普遍被称作"黑暗时代"，传统上认为这是欧洲文明史上发展比较缓慢的时期，原文是 The Middle Ages of Marketing，指代市场营销的规模化时期。
　　② 贝斯公司（Bass & Co.），由威廉·贝斯于 1777 年在英国成立。主要产品是贝斯淡麦芽酒，曾经是英国销量最高的酒。

革。工业革命进入全盛时期，日常生活发生了翻天覆地的变化，大西洋两岸的农业社会迎来了现代化的大变革。随着对工业劳动力需求的不断增长，城市人口急剧膨胀。在美国经济的发展中，国有铁路网络和电报线路的快速扩张，催生了规模化生产、包装业、零售业和广告业的革命。第一批民族品牌由此诞生，包括如今依然健在的品牌，例如里维斯①、塔巴斯哥辣酱、亨氏。正是从 19 世纪 80 年代开始，套用历史学家的话，大量民众开始了依靠"不知名的人生产的产品"过活的日子。[3]

生产这些商品的人在靠出售这些商品获利的过程中遇到了大量的阻碍。对于今天的人们来说或许难以置信，但是人类天生就不愿意去信任、享受由"不知名的手"生产出来的产品。在规模生产、规模营销和大众传媒时代到来之前，人类历史上不同文化的所有人都熟悉他们自己的屠户、面包师和烛台匠。1880 年以前，几乎没有包装商品和成衣。商品通常没有固定的价格，往往是以物易物。[4] 基于以上原因，商品交换中的卖家与其提供的商品或服务是不可分割的。实际上，当时顾客的消费对象不仅是商品本身，还包括商品背后的制造者。很久以来，所有人类交易都以这种方式进行，并深植人心。这种相互信赖、面对面的交易在人类生活的各个方面都能赢得青睐。

这就是早期品牌持有者面临的挑战：贝斯麦芽酒的三角形或是亨氏品牌中的拱顶石都是冰冷的、抽象的商标，而富有人情味、具有具体形象的人往往更能俘获人心。例如，军事首领们很清楚类似爱国主义、自由等抽象概念通常不足以鼓舞、激励战士们在战场上奋勇杀敌。世界各地的军事训练都围绕培养人天生地为集体而战的意向：为兄弟而战，为彼此而战，为保卫集体而战。[5]同样地，19 世纪 80 年代的人们已经习惯支持本地的

---

① 利瓦伊·斯特劳斯（Levi Strauss，1829 年 2 月 26 日至 1902 年 9 月 26 日），牛仔裤的发明者，里维斯（LEVI's）创始人。

裁缝和鞋匠，并与其成为朋友。如今的国民经济依赖陌生人之间的交易，如何才能说服人们违背自己的天性，转而拥护一个抽象的商标？

在《创新与提升：美国规模化市场营销的故事》① 中理查德·特德罗讲述了蒙哥马利—沃德公司② 如何将邮购订单目录人性化的故事。该公司刊登了公司创始人、行政主管，甚至个人产品生产线主管的照片。照片下面都有个人签名，作为确保顾客满意度的保证。这些小小的点睛之笔起到了预想中的效果，这篇来自蒙哥马利—沃德公司档案中的顾客来信节选就是例证。

我猜你可能会疑惑，为什么自秋天以来我们没有再购买任何商品。事情是这样的，我被奶牛踢伤了手臂，老婆也生病了，医院的账单接踵而至。不过感谢上帝，我们已经还上了欠款，一切都好了起来。家里又添了一个胖小子，请给我们寄一个毛绒帽子，编号 29d8077……

对于蒙哥马利—沃德公司在大众营销过程中发出的信息，他很自然地进行了回复，就好像他与汇总商品目录的员工已经成为了老朋友一样。特德罗写道："这封信读起来有一些可笑，但是它的语气和内容却也很令人感动。信中传达出的彼此熟悉的感觉，就好像在与本地商店的店主打招呼。在规模化销售的背景下，商人既不认识制造商也不关心他或她的个人生活。"[6]

买卖不知道是由谁生产出来的产品，现代营销和宣传就是在这种挑战中不断成长的。1880 年以前，广告宣传只是小型业务，几乎仅以通知的形式出现在报纸新闻的夹缝中。到了 1900 年，广告业蓬勃发展，成为蕴含 6 亿美元价值的大型产业，占国民收入的 4%，这一比例一直维持了 60 年之久。[7]

---

① 原书名：*New and Improved：The Story of Mass Marketing in America*，译者译。
② 蒙哥马利—沃德公司（Montgomery Ward），美国芝加哥的一家大百货公司。

广告宣传能够彰显规模化生产下商品的优点，并将它们人性化。除了价格低廉、产品丰富，工业化进程还能保证产品的高度一致性，这在工业革命之前是很难达到的。从认知心理方面考虑，产品的可靠性的确能够吸引我们，而通常情况下人们是拒绝接受意料之外的事物的（像苏珊认为除非这种意外来自于参加晚宴时戴的帽子）。[8]

以宝洁公司的象牙皂为例，它是早期规模化生产的产品之一，拥有自己的商标和销售理念，这种方式具有可预见性和高辨识度，准确地迎合了我们的消费心理。象牙皂令许多人产生美好的、熟悉的联想，它就像家里的一位老朋友。"象牙"作为商标名取决于它有益于身体健康、干净整洁的内涵。象牙皂能够漂浮在水面上，这种特点则进一步证明它能达到的宣传中的99.44%的纯度。象牙皂在当时的主要特点和优势在于："质量匹及最好的橄榄皂，而价格更为便宜。"到19世纪末，现代商标所具备的基本元素已基本形成，集中体现在以象牙皂为代表的一系列产品中。

从知道匠人的名字而认识某种产品到创建公共形象和品牌符号，公司迈出了决定性的一步，并产生了一种非凡的理念：公司成功的秘密在于创建一个凸显自己形象、口碑和情感纽带的品牌。在当时，这的确是一种深刻的见解，但是几年后，却被证明是盲目的认识，从那时起，品牌持有者再也没能超越当时的眼界。工业革命时期的大规模扩张、提速和由此带来的利润使商界和其学术伙伴们得出了一个令人后悔的结论。他们认为可以通过同样的方式，将与顾客之间的互动标准化、自动化，借以提升效率。

广播和电视的引入——人类传播史上的重大创新——仅是进一步加强了品牌与顾客之间受限的单边关系。大众媒体信息的设计也必须是符合"一码通吃"的原则。如今，这样的信息多如牛毛，平均每天5000条广告，而20世纪70年代平均每天仅有500条商业信息。[9]

一个普遍的谬论认为大众传媒的兴起预示了品牌营销和顾客忠诚度黄金时代的到来。事实上，大众传媒彻底削弱了有意义的顾客关系，稀释了品牌忠诚度。广受欢迎的系列剧《广告狂人》描绘了广告业诱人的"黄金时代",但却催生了一种错觉,让人以为品牌获得成功和坚守成功所需要的仅仅是改革创新的思路、激励人心的形象和大规模的广告预算。曾经熟 10知姓名的顾客都变成了无名无姓、没有面孔的"消费者",成为了用户信息统计中的一部分以及企业追求的市场份额。

在 1994 年出版的《裸露的消费者》(*The Naked Consumer*)一书中,埃里克·拉森记录了 1991 年出版社来信拒绝将他从邮寄名单中移除的事情。"很遗憾,我们无法满足你的请求。因为我们租借的是整个邮寄名单,因此无权对里面的内容进行更改……我很愿意提供更多的帮助,但我束手无策。"虽然出版社经理愿意给他回信,但仅仅是通知拉森他并不愿意让自己的公司管理好自己的邮寄名单。拉森抱怨的是,市场营销人员创建了一张巨大的有关用户统计信息的"情报网","而这一切都是为了一个崇高的目标,寻找更多令顾客无法拒绝的方式,向他们兜售更多的香皂、通便药和清洁剂。"[10]

工业革命人为地将产品、服务的生产者与终端顾客分开,引入了类似经销商和零售商这样的中间商来调节生产者与顾客之间的关系。生产者开始相信大众传媒的特点、优势和定位足以维系长期的顾客忠诚度,而不需要实实在在地直接与顾客交流,甚至不需要知道他们的名字。

各种各样这类的谬论正在扩散到世界各地。如今,顾客们已经开始放弃许多大型的、拥有成熟品牌的公司,转而拥护持有较少资源但具有不同经营理念的小公司。我们不断地呼吁世界级的顶级公司和大多数知名公司放弃它们长期持有的、肤浅的顾客关系理念——因为新兴公司更加透明,更值得信赖,它们更感恩顾客的惠顾,因而提供更优良的服务。

顾客关系复兴

接下来的几章我们将探讨热忱与能力的多个维度，以期阐明为什么持有传统观念的品牌偃旗息鼓；像达美乐[①]、露露柠檬、美捷步[②]和乔巴尼[③]这类公司则能够人气飙升。无论是有心还是无意，它们的经营哲学和实践所展示出的有益意图正是顾客下意识里所期待的。

我们的研究还记录了大银行、石油公司以及航空公司的政策和实践是如何从根本上同人类对热忱与能力的自然追求相抵触的。互联网、社交平台和移动通信共同削弱了之前引领经济发展的强大动力。令我们欣慰的是，脱胎于中世纪市场营销模式的新型顾客—公司关系正在复苏。顾客已经具备了评价大公司和品牌的能力，并能将这种评价实时发布到公众平台。这种能力在未来的十几年会持续增长。

第1章探索了在多大程度上我们对于热忱与能力的判断，能够驱使我们与不同的社会团体包括公司和品牌进行互动。例如，我们对可口可乐的忠实拥趸进行了调研。研究中我们将购买可口可乐的因素进行量化分析，发现铁杆粉丝们购买该产品的主要原因是对可口可乐公司热忱与能力的认同，该数值是代表产品特点和优势的数值的两倍。

第2章讨论了为什么大多数公司所关注的短期利益迫使它们在与最忠诚的顾客交往时往往也是建立剥削式关系。我们引入了忠诚度测试来测量热忱与能力在任何一种关系中发挥的作用。

第3章从另一个角度探讨这个问题：能够赢得顾客狂热忠诚的公司是

---

① 达美乐（Domino's），比萨饼外送餐厅连锁店。
② 美捷步（Zappos），美国一家卖鞋的 B2C 电子商务公司。
③ 乔巴尼（Chobani），美国畅销酸奶品牌。

因为它们成功地将公司策略同顾客对热忱与能力的需求联系起来。根据有 12
益意图原则，将顾客利益放在首位的公司，能够启动我们对于该公司热忱
与能力的自动认可，从而财源滚滚。

第 4 章阐述的是当手机和互联网技术提振了顾客关系复兴的同时，他
们同样能在经济交易时降低企业的热忱和人情味。我们就此对比了亚马逊
和美捷步的不同做法。亚马逊通过自动化降低产品价格，将与顾客之间的
人际交往最小化。美捷步利用科学技术提升以"顾客导向"为核心的企业
文化。

第 5 章解释了为什么坦率、曝光率高的企业领袖能激发顾客对公司和
品牌的忠诚，因为代表公司意图和能力的是一张张生动的面孔。许多大型
公司的领导从未走进过公众视野，仅依靠品牌标识、广告宣传和科学技术
与顾客交流。我们揭示了在顾客关系复兴时期，如果忽略顾客希望同公司
进行人际交流的这种基本诉求，公司很有可能失掉市场份额。

第 6 章讨论了我们的研究结果，并指出挫折与问题会为公司提供一个
加强顾客关系的契机——只要公司用有益意图来处理这些问题。在顾客看
来，产品召回和其他窘境都是公司和品牌展示其是否真正关心顾客的切身
利益，还是只在乎自己的利益得失的罕见的真实瞬间。

第 7 章为如何开展即将到来的顾客关系复兴给出了具体的建议。要取
得长久的成功，公司和品牌更需要有自知之明，更关注顾客对于热忱与能
力两方面的感知，更愿意改变自己来适应顾客的要求。这并不容易，尤其
是对于上市公司而言。但是希望就在眼前，每一类型公司、每一个股东都 13
能够取得更加稳定的、持久的繁荣。

因果循环

当你下一次听到"面包师的一打"① 这个词语的时候，试想一个烦恼的中世纪时英国的面包师，正在将一打面包卷装进袋子里，接着又多放了一个在里面——确保自己不会被罚款或是戴着颈首枷在镇子里的广场上示众。几个世纪以来，在售的面包、啤酒等英国生活的主要食物都要受到英国习惯法中关于商品重量和尺寸条款的严格管制。低于某一重量的一打面包卷是禁止销售的，否则面包师将要承担严重的后果。为确保安全，面包师都习惯性地多加一两条额外的面包卷，后来被称作"加量面包"②。[11]

古代戴颈首枷这样侮辱人的方法在 19 世纪中叶已经被废除。但是小镇里或是街道上的商贩总是小心翼翼地维护自己的名誉，建立在信任基础至上的熟人关系是顾客盈门的保证。如果当地的商贩委屈了顾客，那么街头巷尾的人都会议论他，所有人都会知道这件事。那些不能就此改过的人就可能门可罗雀甚至背井离乡。

回顾遥远的历史，不难发现大部分部落文化都有放逐、规避和游街示众的惯例。我们强烈需要有归属感，害怕被放逐，以及由此带来的社会压力足以使大部分人诚实守信。[12] 商贩们知道他们与顾客之间的友好关系对于他们的生存至关重要，他们要学会去呵护这种关系，否则就将面临经济上的毁灭。

如今，以关系为导向的营销方式仍然会为你带来利润：咖啡店店主会了解你最喜欢的品类并记住，如果你点餐时卡壳了的话。街角商店的店主

---

① 原文是 "baker's dozen"，意思是 "13" 或 "一打加一"。
② 原文是 "in-bread"。

迪托很信任你，如果你没带钱包，他会给你赊账。如果你事先电话约好，　**14**
洗衣店也会等你一会儿，晚点关门。反过来，为了报答他们善意的举动，
你也会忠于他们，并且介绍朋友过来。但是，如果这些店主们的表现差强
人意，你的邻居们也很快就会知道。颈首枷早已被废除，但是现代的、烂
西红柿一般的语言同样能横飞四溅，广为传播。

　　然而在现代社会的大多数时候，国产品牌以及它们的母公司却都有遭
到公共责难。实际上，当它们的公信度被发现有问题、不值得信赖的时
候，作为顾客的我们却束手无策，无力曝光或是惩罚这些品牌。我们没有
办法让他们意识到社会责任的重要性，这是本地小商贩们赖以生存的法则。

　　直到现在，由于互联网的出现，社会责任——对人类行为最自然、最
主要的约束——在 150 年里第一次重新回归到民族商业文化中。可以毫不
夸张地断言：整个世界都通过一条网线联系在一起，这是人类历史上的第
一次，就如同进化使得人类能够思考和行动一样。我们利用几千年来评判
他人的方式——自主、快速、直接——来评判品牌、公司和社会机构。第
一次，每个人都有了与成千上万志同道合的人分享个人想法的机会。

　　我们真的生活在地球村，在这里一个主题标签就能够引起社交网络、
博客、在线评论和一大群反对者的关注。以前生活在小区里的人会担心
"周末的街谈巷议可能会让每个人都知道真相"，如今已演变成"明天一早
地球上的所有人都可能知道真相"。社交网络导致即使是全球最大的公司
在面临"因果循环"的威胁时——工业革命之前所有商业交换奉行的准
则——也如履薄冰。社交媒体在恢复社会责任的基本规则时，并没有改变　**15**
商业规则，只是让大家清楚长期以来商业贸易中惯用的伎俩如果不在未来
加以改变，就会被市场淘汰。

　　宽带网络、社交媒体和移动通信的相互影响正是多伦多大学巴瑞·韦
尔曼教授所命名的人类交往中的"三重革命"。在社会责任方面，三重革
命似乎已经达到一个转折时期。韦尔曼注意到关于纸质媒体力量的谚语

（"永远不要向成桶买墨水的人挑战"）需要更新换代到"永远不要向拥有强大网络和移动通信能力的人挑战"。[13]

看一下威瑞森①在 2011 年 12 月遭受的因果报应。就在圣诞节和新年之间的周四下午，威瑞森宣布对在线支付收取 2 美元的便利费。如果威瑞森的管理者们希望没有人会注意到他们的宣布，那他们就大错特错了。推特、脸书以及其他全部网站立即群情激愤，网络上充斥着对该公司的各种高声抗议、在线请愿和质疑斥责。强烈的抵抗迫使威瑞森第二天就放弃了便利费，距其宣布收费不足 24 小时。[14]因果循环，果不其然。

这样的社会责任将继续存在，因为顾客现在已经拥有了影响事态变化的力量，而这在以前是遥不可及的。但是因果循环具有两个维度，社交网络不仅赋予顾客力量，也为品牌和公司与顾客联系提供了直接通道，帮助它们重建、发展并维系与顾客之间的有益联系。

随着中世纪市场营销模式（大规模生产时代）的减弱，工业革命之前的价值观由于顾客关系复兴得以恢复，顾客再一次获得了与产品和服务提供者建立个人关系的权利。对于所有公司而言，无论大小，专注建立与顾客之间的个人关系将成为其在未来十几年保持长盛不衰的重要保障。

那些如今取得成功的公司并非通过中世纪市场营销模式来操控顾客。相反，它们通过顾客关系的复兴与我们创建共同的价值观。这些公司以"人"的形象呈现在我们面前。它们以真诚示人，直接与顾客打交道，这种方式符合我们的内心期待，折射出工业革命之前所有商业关系的特征。

这种新型的、与顾客之间更加亲密的联系方式与早期企业的传统文化存在冲突。2008 年初，诚实茶②——一家小型的、注重社会效应和环境效应的茶公司——的创始人迈出了有争议的一步：将公司 40% 的股票份额出

---

① 威瑞森无线通信（Verizon），美国第一家提供 320 万像素照相手机配套销售的无线营运商。
② 诚实茶（Honest Tea），美国茶公司品牌。2008 年，可口可乐公司收购其部分股权；2011 年，可口可乐公司完成对其全部股权的收购。

售给可口可乐公司。希斯·高德曼和巴瑞·奈尔巴夫希望通过可口可乐公司出众的销售网络扩大诚实茶的销售市场。然而，不久之后双方在一个重要问题上产生了分歧：诚实茶儿童款包装标签上的措辞。

与可口可乐公司达成的收购条款允许诚实茶保留对其所有产品的控制权。但是交易结束不久后，可口可乐公司官员要求诚实茶更改其儿童款产品包装，上面原本印有"本产品不含高果糖玉米糖浆"的措辞。《纽约时报》随后报道可口可乐公司管理人员"将这句话解读为对其他产品的含蓄指责，认为其他产品含有由工厂生产的、受争议的糖浆"。[15]

据《纽约时报》报道，可口可乐公司建议删除"不含糖浆"的措辞，或者改为"富含有机蔗糖，味道更香甜"或"无人工添加"。高德曼飞到亚特兰大与新合作伙伴经过长时间讨论来解决这一问题。他不得不向可口可乐公司官员解释"本产品不含高果糖玉米糖浆"对于父母是非常重要的一条信息，他们需要得到诚实茶产品中不含糖浆的明确保证。

2011 年 3 月，可口可乐公司购买了该公司的大部分股权，而诚实茶儿童款的包装标签依旧是"本产品不含高果糖玉米糖浆"。

"诚信、透明对于这个品牌来说确实至关重要，"诚实茶市场营销部的副经理彼得·凯耶这样说。"我们的市场营销大部分是非常明确、直接的。我们做了大量的抽样调查，这样能够直接与顾客就产品配方进行讨论。我们做广告宣传的时候，也是同样直接、明确地告诉顾客我们配方中使用简单、美味、有机的材料。"[16] 一段时间以来，顾客对大公司、政府等大型社会机构的不信任达到空前高度，诚实茶公司凭借其透明、直接的营销方式，创建了一个强大的、日益增长的忠实顾客群。

在某些圈子里，人们认为新媒体和社交网络正在把我们推向一个复杂的、未知的未来；在那里，关于顾客忠诚度的传统认识已经过时。但是各类组织机构都能从威瑞森、诚实茶和许多其他品牌的例子里学到很多。顾客关系的复兴需要所有企业，无论大小，基于因果循环学会如何以自然的、自发的方式创建顾客关系，人们一直以这种方式感知、判断，进而互相帮助，成为朋友。

一旦你熟悉了本书当中的理念，你会开始以不同的眼光看待周围的一切。你甚至会意识到是我们把对于周遭世界的认识变得复杂，而原本并不需要这样。似乎每周都会有关于这个世界如何运转或不运转的新理论和新解释问世。这些理念的精髓部分都有大量的事实支撑，但是如何才能将它们全部整合到一起？从马斯洛的需求层次论到说服心理学，从改革者的困境到情绪智力，从第五级领导①到自觉资本主义②——什么样的统一准则能够将所有这些伟大的理念整合到一起打造一个更加美好的未来？答案是热忱与能力。

指引成功的罗盘从未改变方向，一直深埋于我们的过去。它被 150 年来的工业化淹没。工业化培养的是对能力的过度依赖，而牺牲了对他人的热忱和真心实意。电子技术、移动技术和社交技术的革命将我们带回了人类一直以来得以繁荣昌盛的道路，带回到了基于信任和忠诚创建的亲密关系中。在人类交往史上，我们更多的是受热忱而非能力的驱动。更快、更好地掌握这一简单真理背后的社会科学，我们才能拥有更加光明、美好的未来。

越深刻、全面地理解热忱与能力对我们生活的影响，你就越清楚别人是如何解读自己，同时你也可能对生活中的其他人有更高的期待，比如为你提供产品和服务的人。人类感知热忱与能力的原始天赋是祖先遗留的宝贵财富。把这本书作为各类店主的工作手册吧，它从一个全新的角度清楚地解释了我们是怎样并且为什么做出了这些决定。

---

① 第五级领导（Level 5 Leadership）所依据的理论思想是，一个品行无私的、尊重下属且具有顽强意志的领导者，必能带领同人勇往直前，实现最佳的组织绩效。
② 自觉资本主义（Conscious Capitalism），它包括四个原则：更高的目的和核心价值观、自觉的领导力、自觉的文化和管理、一体化的股东利益，其中的核心是更高的目的。

1 热忱与能力
决定人际行为的两个永恒准则

2012 年夏天，在新罕布什尔州的纳什华医院，84 岁的泰瑞莎·库克由 于得了胰腺癌而奄奄一息，她 21 岁的孙子布兰顿正守在她身边。泰瑞莎胃口不好，医院的食物根本提不起她的兴趣，所以布兰顿感到十分无助。泰瑞莎告诉布兰顿：她最爱吃的就是帕尼罗面包店的面包碗蛤蜊汤。

那天是星期二，布兰顿给位于斯特街的帕尼罗面包店① 打了电话，得知他们只有星期五才卖那种蛤蜊汤。布兰顿表示他奶奶恐怕等不了了，三天后她可能就什么也吃不下了。接电话的是纳什华市帕尼罗面包店的店长苏珊妮·福迪尔，她不假思索地告诉布兰顿马上到店里来，并且向员工们说明了这个特别的请求。员工们立刻取出了配套食材，在炉子上放好了蛤蜊汤锅，开始做汤。当布兰顿从医院赶来时，他的蛤蜊汤已经打包好，并 且附带了一盒特意为他准备的曲奇饼。苏珊妮告诉布兰顿，这些都是免费赠送的，她还让布兰顿和她保持联系，如果他的奶奶还需要汤的话，只需要打个电话就行。

---

① 帕尼罗面包店（Panera Bread）是一家快餐连锁店，主要销售面包和随点随做的三明治及沙拉。

回家后布兰顿在脸书上更新了状态，他简单讲述了苏姗妮·福迪尔和她的同事们给予他和奶奶的善意帮助，随后他妈妈转发了这条状态，也附带着转发了帕尼罗面包店的主页。几天过后，布兰顿的脸书主页积攒了 73 万个赞和 2.4 万条留言，许多都是对帕尼罗面包店的评价——如果你是一名帕尼罗的管理员或加盟商的话你一定非常喜欢看到这些评价：

"帕尼罗看起来真是个很棒的公司。"

"听见有人仍然在关心着邻居和社区的消息真的十分欣慰……"

"为帕尼罗遵守'黄金规定'欢呼！己所欲，施与人，点滴善举汇聚成河——这样的公司会得到漫天的祝福。"

"帕尼罗面包，棒极了！好食品，好人品！"

"真了不起，虽然我从没听说过帕尼罗面包，但有机会我一定去尝尝，看到小小的善举有这么大的力量感觉真好。"

网上的许多评论都不可避免地得出了这样一个结论，那就是这种慷慨的行为来源于帕尼罗面包店的企业文化。但事情并非如此。在后续媒体报道中，苏姗妮·福迪尔向采访者解释说，她觉得只是做了件得体的、应该做的事情。苏姗妮是三个孩子的妈妈，她的一个孩子正好和布兰顿年纪相仿。按她的说法，她是被那个年轻人对奶奶的孝心感动，所以愿意帮助他们。

我们在逻辑上一再跳跃，将帕尼罗店长的行为归功于帕尼罗公司，这恰好是我们天才般洞察力的外延部分——去发觉别人身上的热忱与能力。研究表明，人们会把一次慷慨的举动作为认定慷慨人格的证据，将一种行为归类为慷慨就是这种思维毫不费力的副产品。从观察到某人的一个动作到对他的性格做出可能性判断，我们甚至不用考虑"怎样知道"，我们就是"知道"他的性格。[1]

然而，苏姗妮当天周到、主动的表现碰巧是出于帕尼罗企业文化的引导。说到社区建设和维护公共关系，帕尼罗面包店确实是个无与伦比的企业。在全国连锁企业中，帕尼罗首先制定了将当天未售完的面点送给慈善

21

机构和流浪汉的规定；它是第一家给客户提供免费无线网络的企业，也是第一家把所有产品的卡路里指数写在菜单上的企业。这些做法并没有给帕尼罗造成利润损失，相反，在21世纪头十年里，这些时刻考虑客户利益的举措帮助帕尼罗面包店成为最成功的连锁餐馆。在2000~2010年，帕尼罗成为罗素1000指数①中的"领头羊"，[2]它是众多靠行善赚钱的品牌之一。

苏姗妮·福迪尔和帕尼罗面包店的故事在网上广泛传播。原因在于，我们能被他人即时的热忱与能力吸引。以热忱与能力为标准来界定一个人，我们会据此选择和他成为朋友或与他疏离。这也解释了为什么有的品牌能唤起我们的忠诚，而有的品牌则让我们望而却步。

几十年的社会科学研究揭示出，在感知热忱与能力这两个广义范畴时，我们用来界定他人的每个维度都可以被测量和解读，从而发现他们身上可预测的情感模式，以及由这些情感模式引发的行为模式。首先，我们 22 可以从以下维度判断一个人是否拥有热忱：他是否友好、和蔼、善良；是否表现出真挚、诚实、品德高尚、值得信赖；是否随和、通融，令人感到宽容、公正、慷慨、善解人意和乐于助人。

其次，通过对他人整体能力的评价，我们可以了解他们在多大程度上有能力实现自己心中的想法。他们比我们强还是弱？他们威望如何？他们有什么样的特色资源可以帮助我们或伤害我们？对于能力的判断，就是评价一个人是否拥有高人一等的资源、技术、创造力和才干；评价一个人表现得是否高效、能干、聪明、熟练、有学识，是否有信心和才能去执行自己的计划。

这些判断是极其简单却强有力的社会认知②模式，它们以某种方式影

---

① 罗素1000指数（Russell 1000 Index），包含了美国1000家最大市值的公司股票，是根据罗素3000指数中市值最大的1000家公司股票的加权平均数而编定。

② 社会认知是人对社会客体的感知和认识过程，与对自然客体的感知和认识过程相对应，包括对他人、对自己和对群体的知觉。

响着超过 80% 的人类行为。我们不只用热忱与能力去评价别人，也用它们评价我们生命中所有由自由意志支配的，或看上去由自由意志支配的行为。所以，我们会从热忱与能力角度对个人、群体、宠物、动物、团队、企业、品牌和国家做出判断。当汽车"出毛病"，或者电脑有了"思维能力"的时候，我们也会对这些无生命的物体进行热忱与能力的判断。

试想一下当你自己走进昏暗的街道时，如果一个黑影从远处接近你，你会立刻警觉起来，开始猜测陌生人对你的意图。那个陌生人在看着你吗？是毫无威胁地随意一瞥还是意图不轨地盯住不放？像我们远古的祖先一样，你需要立刻用并不完整的信息去判断此人的意图是好是坏。这些即时判断是在评估陌生人的热忱水平（明显不友善或是可以信得过）。你的判断直接决定着你下一步生死攸关的反应。

23　　与此同时，在你察觉出这令人温暖或不寒而栗的意图之后，你还要判断陌生人能否有效地采取下一步行动。这个陌生人是高大还是瘦小？是年轻还是年老？是男人还是女人？走起路来是昂首阔步还是一瘸一拐？手里拿的是武器还是一袋杂物？这个陌生人的能力，也可以说是他采取行动的自身条件，决定着你对他的意图的重视程度。

热忱与能力这两种感知维度是人性的基本层面。[3] 为了更好地生存、发展和繁衍，我们远古的祖先能以极快的速度和准确度判断别人的意图与能力，因而避免危险。同时，祖先们也需要推测那些热忱与能力的可靠性，从而依靠建立一些必要的关系来获得食物、衣服、住所，还有部落和盟邦提供的保护。对生存来说，所有这些事情都十分重要。

研究表明，在这两个维度中，我们最先感知的是热忱，也更看重它。我们对于别人是否热忱十分敏感。例如，研究表明，别人在看到你第一眼时就开始判断你是否值得信赖，过了一会儿才开始对你的能力做出判断。[4] 即使看上去微不足道的话语、动作，甚至外表，都能令人下意识地警觉起来，产生不好的感觉。

热忱意味着值得信赖。无论正确与否，我们都在见到别人的那一瞬间，或在眨眼之间就能判断出他的可信度。[5] 可以试想一下，一个人满眼真诚、面带微笑、一副无害的样子，或是一个人略带惊讶、面露喜色、面孔天真，这样的人很容易在瞬间就得到我们的信赖。[6] 与之相反，一个蹙眉头、面带怒色的人，我们很快就失去对他的信任，并且会以怀疑的眼光谨慎地对他做出评价。

我们对于能力的判断来得要稍慢些，或许比眨眼之间要多那么一会儿。有着霸气面孔的人更容易让我们肃然起敬（无论他们是否是这样的人）；与此相反，无论实际情况如何，我们在看到一个弱小、卑微的人时会认为他能力很差。这种短暂的能力判断甚至可以预测出选举的结果。在研究中，志愿者在看过不熟悉的外国政治领袖候选人的照片后，有 2/3 的概率能够猜中其中的胜出者，这一切都仅仅依靠对能力的判断。[7]

从某种意义上说，人的面孔就是第一张"品牌标志"，这是一个人的风度举止在热忱与能力方面的可视化呈现。我们的判断力发育得很早，连幼儿都可以判断出一个玩偶或者动画人物的善恶，并做出相应的反应。[8] 尤其是对热忱的察觉要先于语言上的沟通，可以参考父母抱紧婴儿的安抚行为。相比之下，如果把毛毯固定起来用灯光烤暖，失去母亲的小猴子会把它当作"妈妈"，而不是去亲近一个用铁丝网做成的、拿着奶瓶的"妈妈"，小猴子宁可饿肚子也要选择感受温暖。[9]

我们被温暖的感觉深深地吸引着，社会的认可能够使人感受到身体上的温暖，而社会的排斥则会让人感到实际的寒冷。[10] 对于陌生人来说，拿着热饮料的人比拿着凉饮料的受试者显得更为慷慨。[11]

研究表明，能力可以在身体方面得到印证。通常来讲，长得高一点的候选人会当选总统，[12] 长得高的人看起来更像领导，[13] 块头越大的人会统领块头略小的人，[14] 这和比较拳头大小类似。[15] 代表着强壮的"强大

24

姿态"能够刺激睾丸酮的分泌，降低压力荷尔蒙皮质醇的分泌①，让人在做决断时更有魄力（可以试试在面试前做一下这个动作，但在面试中最好不要）。[16] 所有这类让自己觉得比较强大的身体姿态都能有效地向他人传递权威、地位和个人能力。

25　　过去的几十年里，社会学家对热忱的维度做了多种界定，例如道德水平、公德心，还包括"起死回生的温度"。为了衡量热忱的维度，社会心理学家要求测试对象根据他们感受到的品质对个体或组织进行排序。这些品质包括诚恳、真挚、暖人心、友好、有亲和力和值得信赖，[17] 尽管这些术语各不相同，但它们拥有相同的内涵，即充满热忱和有益意图。

同样，心理学家也确认了能力的不同维度，包括"才能"、"手段"和"逢凶化吉的智慧"。[18] 测试对象根据他们感受到的品质对个体或组织进行排序，其中包括智慧、有能力和有技术等，这些品质都表明一个人或一个组织具备执行力。

当热忱与能力的这些基本维度结合在一起，反映出不同的情感及相应的行为时，一切就变得非常清晰了。人们对每一组热忱与能力的组合都会产生相应的感知，不同的感知又会引出不同的人类情感，而这些情感是能够预测出来的。同时，这些情感又能激发出同样可以预测的行为，如图1.1所示。

对热忱的评价		对能力的评价		情感上的反应		行为上的反应
热情	+	有才	→	敬仰、自豪	→	招人喜欢、友好同盟
冰冷	+	有才	→	羡慕、嫉妒	→	难以亲近、可能相互拆台
热情	+	无能	→	同情、怜悯	→	以高姿态去帮助、忽视
冰冷	+	无能	→	轻视、厌恶	→	排斥、回避

图 1.1　热忱与能力模型

① 在感到压力状态下，身体需要皮质醇来维持正常生理机能；如果没有皮质醇，人们会立刻崩溃。

苏珊从经典的人类感知研究开始了自己的学术生涯，后来她继续研究怎样通过年龄、性别、种族、社会阶层将人们分成不同的社会群体。举例来说，人们通常觉得职业女性、富人、少数成功人士都是那种极具才干但却冰冷的类型，因此他们招人羡慕，甚至嫉妒。残疾人和老年人则被人可怜或遭到忽视，因为他们虽有温度却缺乏能力。研究表明，流浪汉、吸毒者、靠社会福利生活的人会引起别人的轻视或反感，这说明冰冷又无能的人会遭到社会的排斥。只有那些能够反映美国社会理想图景的"内团体"①，例如"中产阶级"、"公民"等才能得到大多数人的青睐，因为他们拥有热忱与能力。

26

基于对这些类型的研究，苏珊和艾米·古蒂、彼得·格里克提出了"刻板印象模式"（Stereotype Content Model，SCM）（见图 1.2）和"群体间行为影响与刻板印象图形"（Behaviors from Intergroup Affect and Stereotypes，BIAS）。他们认为大多数人会根据对某一团体的热忱与能力的理解，来判断该团体中的个体。[19]利用这种模型，其他国家的许多针对热忱与能力的研究都得出了相似的结论。[20]被判定为无能和冰冷的"外团体"在任何社

	低水平能力	高水平能力
高水平热忱	老年人、残疾人 怜悯	内团体、盟友、中产阶级 骄傲
低水平热忱	穷人、流浪汉、移民 反感	富人、专职人员 羡慕

图 1.2　刻板印象模式（SCM）

---

① 人们习惯把世界分成"内团体"和"外团体"，并把自己看作是"内团体"中的成员；对外团体则相反。

会里都会受到排斥。对于富人、企业家群体等成功人士和极具能力的"外团体",人们也会觉得他们"高冷",因此这部分人经常遭到嫉妒和质疑。

27　　　性别偏袒、种族偏好、偏见、歧视等社会中这些最为强大却最为灰暗的力量,都依附于我们对他人进行快速判断时相同的、自发的生存机制。[21]苏珊在她的新书《谗下媚上》①中指出,尽管偏见已经深植于人性深处,而是否被表达出来却是个人的选择。关键在于要向引领我们做出快速判断的原始力量妥协,然后在看待他人时绕开这种原始力量,把人看作独立的个体,而不是某一刻板类型。苏珊写道:"解决之道,全在热忱。"[22]

品牌即人

克里斯花费 20 多年时间研究客户关系和品牌营销,有关热忱与能力的所有学术文献都证明了他的研究观点。长期以来,克里斯一直认为品牌管理原则与实践是冗杂而抽象的。透过热忱与能力模型,他看到了一个更简单、更直接地衡量客户感觉的手段—— 一种基于社会科学的,同时建立在人们对周围世界的自觉地感知、反馈和评判基础上的手段。

首先,我们可以把每个企业设想为一个个体。作为客户,我们认为企业和人一样,会按照自己的想法和意图做事。作为人类,我们的内心要求我们保持警惕,但同时意识到他人也会对我们充满热情,可能为我们提供有价值的东西。为了获取资源,我们去感知、判断,与品牌和企业做交易,同我们的祖先和外人打交道的方式一样。人类一直在不断地平衡这些互相矛盾的冲动——既有警惕,又寻求合作。

这一切都合乎道理,但在 2010 年以前从来没有人进行过科学检测。市

———————

① 原书名:*Envy Up, Scorn Down*。

场营销的前沿研究已经提出了相关理念。苏珊·福妮尔与詹妮弗·阿可尔提出人与品牌之间存在人际品牌关系，也伴随着起起伏伏。[23] 其他研究者则描述了人际品牌关系中的情感因素。[24] 与同事尼可·科尔文一起，我们测试了对热忱与能力的洞察力，在多大程度上能适用于客户动态研究。

苏珊和克里斯的第一次合作研究开始于 2010 年 6 月，那时美国几个最知名的公司与品牌被卷入了史无前例的公共关系危机中。从 2009 年冬至次年春，备受推崇的泰诺（Tylenol）① 及其母公司强生（Johnson & Johnson）正在一系列尴尬的产品召回中步履蹒跚。麦克尼尔消费保健品公司② 启动了一连串的扩大化产品召回，其中包括泰诺关节炎止痛片、苯海拉明③、布洛芬④、罗雷兹⑤、好眠⑥、圣约瑟夫阿司匹林⑦、泰诺，以及 40 余种儿童和婴儿药品制剂。2010 年 5 月，由于卫生条件较差和违反安全生产标准，美国食品及药物管理局关停了泰诺在北美的主要生产厂家。

与此同时，世界第三大能源公司——英国石油公司，正徒劳地试图堵住"深水地平线"钻井平台自 2010 年 4 月开始的海底井喷，这场灾难导致 11 名工人死亡。在此过程中，我们让 1000 名美国成年人来评价英国石油、泰诺和其他 6 个知名公司和品牌，其中包括壳牌石油、雅维⑧、麦当劳、汉堡王、果缤纷⑨ 和美汁源⑩，目的在于量化在多大程度上热忱与能力类型能影响到客户的行为，并且观察这些危机如何影响公众对公司和品牌的印象。

---

① 泰诺关节炎止痛片（Tylenol Arthritis Pain Caplets），美国止痛药品牌。
② 麦克尼尔消费保健品公司（McNeil Consumer Healthcare），隶属于强生公司的品控企业。
③ 苯海拉明（Benadryl），一种伤风抗素剂。
④ 布洛芬（Motrin），非类固醇类抗炎药物。
⑤ 罗雷兹（Rolaids），碳酸二羟铝钠，一种胃药。
⑥ 好眠（Simply Sleep），一种安眠药。
⑦ 圣约瑟夫阿司匹林（St. Joseph Aspirin），止疼片剂。
⑧ 雅维（Advil），解热镇痛药品牌。
⑨ 果缤纷（Tropicana），百事可乐旗下果汁品牌。
⑩ 美汁源（MinuteMaid），可口可乐公司旗下饮料品牌。

研究结果令人惊讶，按照热忱与能力维度的指数，公司和品牌都经受着各种激烈的评论，这些评价可以说明客户近50%的购买意愿、品牌忠诚度和向他人推荐一个品牌或公司的倾向。如果研究中发现的新变量能解释至少15%的客户行为，那么，在正常情况下，这个研究结果就具备显著性意义。因此，50%的结果不容小觑。

29

调查对象们对英国石油公司表现出普遍的反感，同时在购买意愿和品牌忠诚度方面也要比壳牌石油低40%左右。然而，在公众形象变糟和遭受美国食品及药物管理局（FDA）处理的情况下，对泰诺的研究结果表明该品牌并未受到损害。在"诚实可信"和"为顾客利益着想"这两个温暖度指标上，泰诺比英国石油的得分高了两倍。实际上，在顾客反馈的购买意愿和品牌忠诚度上，泰诺的得分远远高于竞争对手雅维，尽管后者鲜有负面新闻。

顾客们将泰诺的产品问题解释为短期的、在其能力控制范围内的小瑕疵，而它一向带给人亲和力的美名并未受到损害。泰诺的生产商强生公司一直秉承客户利益至上的公司信条。1982年，泰诺因药品被他人蓄意破坏而致人死亡。面对此次事件，强生公司做出的反应成为了危机公关教科书。麦克尼尔消费保健品公司最终采取了引人注目、大公无私的处理方式。强生公司为此名声大噪。美国食品及药物管理局出具质量报告，证明泰诺在宾夕法尼亚州的主要生产厂家都存在质量问题。此后，被刺痛的麦克尼尔花费了上亿美元主动关停这些厂家，更新设备，并迅速将泰诺从药店撤柜。正是由于母公司的大手笔开销和高标准的自我要求，泰诺留住了客户的信任。

相比之下，英国石油公司在"深水地平线"爆炸并沉没于墨西哥湾的时候，没有采取有效行动，而是展开自我辩解。英国石油的发言人责怪钻井平台的老板，并寻求将漏油量降至最低的办法。首席执行官托尼·海沃德坚称此次事件对环境的破坏会"非常非常小"，他在国会质证时对公司

30

的行动做了无罪辩护并推卸责任。实时的水下摄像机则记录了公司的失败，他们无法止住原油外泄，从而污染了海湾，这也给英国石油在此次事件中的无能盖棺定论。英国石油此前还发生了其他安全事故，包括2005年炼油厂爆炸致死案和2006年阿拉斯加的漏油事件。由于之前没能给公众留下一丝好印象，公司此时一筹莫展。

克里斯和苏珊研究中的核心元素就是以上的这些感受如何在公众的思维中成为现实力量。研究探讨了我们如何谈论身边的公司和品牌，像"我的有线电视公司不珍惜我的时间""我的保险公司很讨厌我""我的电脑爱死我了"这些话。随后一项同行互评的学术研究展示了热忱与能力的维度是如何驱使人们购买并培养品牌忠诚度的。[25]

这项涵盖了一些知名公司的研究表明，这些品牌在意图与能力矩阵中的分布呈现显著不同（见图1.3）。一些最受欢迎的品牌，如好时①、强生、金宝②和可口可乐等无一例外地都位于代表良好意图和能力的象限中，它们是具备高水平热忱与能力的品牌。人们钦佩这些品牌，愿意购买它们的产品，极具品牌忠诚度。

那些陷入问题的品牌，诸如英国石油、美国国际集团（AIG）③、高盛④和万宝路⑤，在能力和亲和力方面排名很低，客户既没有表达出购买倾向，也没有对这些品牌表示忠诚的想法。这些品牌都落入了"受轻视和厌恶"的象限中，在热忱与能力方面的排名都很低。

那些豪华品牌，例如奔驰、保时捷、劳斯莱斯和劳力士，在能力方面排名很高，但在亲和力方面则较低。调查指出，这些品牌在意图表达方面的水平，决定了人们对它们的感觉是羡慕。这两个维度有力地预测了客户

---

① 好时（Hershey's），北美地区最大的巧克力及巧克力类糖果制造商。
② 金宝（Campbell's），生产浓汤罐头等食品的企业。
③ 美国国际集团（American International Group），全球首屈一指的国际性保险金融服务机构。
④ 高盛（Goldman Sachs），国际领先的投资银行，向全球提供广泛的投资、咨询和金融服务。
⑤ 万宝路（Marlboro），美国香烟品牌。

31

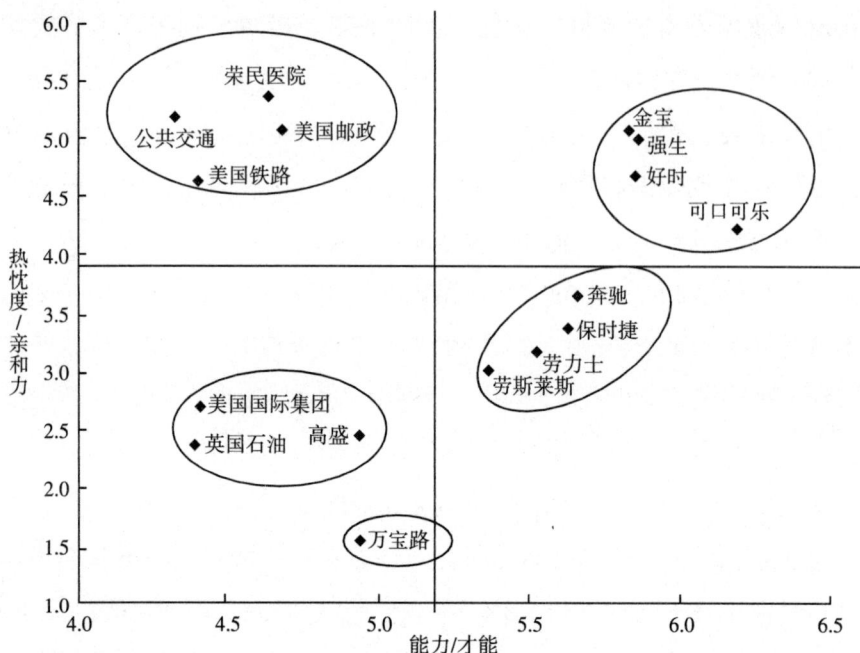

图1.3　品牌的热忱与能力关系矩阵

资料来源：改编自"Brands as intentional agents framework", Kervyn, Fiske, & Malone, *Journal of Cansumer Psychology*, April 2012.

的购买意愿与忠诚度。

　　最终，政府资助的企业堕落为被同情和被怜悯的品牌。美国邮政、荣民医院、美国铁路和各个公共交通部门都被看作是具备良好意图但能力匮乏的品牌。这两个维度再次预测了购买意愿和忠诚度。在意图方面，这些品牌排名靠前，而能力方面则排名靠后。

　　研究证实，顾客会以崇敬的态度把购买力和忠诚度回赠给那些具有热忱与能力的企业。正如我们评价他人一样，我们也评价企业与品牌的意图与才能。对企业意图和能力的感受能激发出具体的客户情感，进而驱使顾客付诸行动。就像赢得他人的好感一样，凭借有益意图和能力，公司也能赢得我们的青睐与忠诚。

32　　2011年，研究者围绕巧克力生产商好时展开了一个庞大的后续项目调查研究，该研究阐明了当客户感受到温暖和良好意图时，客户忠诚度可被提升的程度。在这项研究中，顾客将好时的热忱与能力排在其他被研究的品牌之前。然而，很少有顾客知道好时的大多数股份属于一个乐善好施的慈善信托公司。好时的大部分利润都捐献给了宾夕法尼亚州的弥尔顿·好时中学，后者是全国最大的针对贫困阶层孩子的寄宿学校。

该研究的目的是测试一条假设：对于品牌或公司的慈善举动，顾客会将其视为公司领导在热忱与能力方面的体现。问题在于客户们是否会把这些感觉内化成一种信号，认为他们在与该公司或品牌的交往中得到同样的待遇，以及这种理解是否能提升顾客忠诚度。

由于好时的慈善行为并非广为人知，因此在人口统计学方面，针对美国顾客所做的测试是具有代表性的理想样本。首先，研究者调查了参与者对好时品牌的感受、购买意愿和忠诚度。然后，研究者让参与者了解好时信托公司建立弥尔顿·好时中学的故事。接下来询问他们在知道好时的这些善举之前对公司和品牌的看法，还有这个故事对他们看法的影响。最后，研究者再次调查客户们对好时品牌的感受、购买意愿和忠诚度。

和预料的一致，很少有客户了解好时的慈善行为史，接近80%的调查对象表示在知道这段故事之后他们对好时公司、产品、员工的印象更好了。在热忱、能力和社会责任方面，调查对象对好时公司的品牌印象得到提升。很明显，顾客们认为好时对慈善的传承也表示该品牌会公平地对待客户、员工、奶农和各个社区。好时慈善行为影响力如图1.4所示。

好时的研究结果表明，在客户的心中，公司中的"人"才是评价的基础。在了解了好时背后真实的"人"的故事后，客户的购买意愿和品牌忠诚度都大幅提高，虽然这个品牌的起点本身就很高。同样重要的是，研究还表明：虽然产品本身未发生变化，而有关公司或品牌背后的"人"的行为与意愿的信息也会产生极具意义的影响，尤其是客户感受和对产品和服务的忠诚度。

33

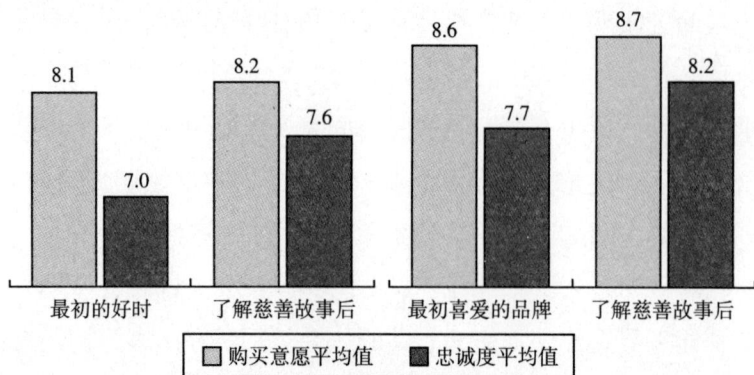

图 1.4　好时慈善行为影响力

注：数值 1~10 表示：你的购买意愿有多强？当你需要巧克力产品时，你对好时的偏爱和忠诚度有多强？

　　为了进一步验证这个想法，苏珊和克里斯在一组美国成年人中做了另一项研究。被试需要阅读两个假想公司的材料。前者"始终将客户的最高利益放在心中，对普通人怀有善意"，而后者的特点正好相反，"有（无）34 技巧，有（无）效率，有（无）执行力"。然后，被试从公司的热情和能力、对公司的感觉、这种感觉引起的反应等方面对所有公司进行排序。

　　参与者对具备良好意图、有高度热情和能力、有事业心、令人敬仰、令人产生购买意愿和忠诚度的公司打出高分；他们却对缺乏良好意图、热情与能力不佳、缺乏事业心、令人反感、让人丧失购买欲望和忠诚度的企业嗤之以鼻。客户对优缺点并存的公司则见仁见智。

　　对于好时公司的国际前沿与创新部主管艾德·马汀来说，这些结果第一次给他提供了一种价值量化方法，用来衡量企业为提升品牌印象和业绩而负担起的社会责任。艾德自诩为"相信良心资本主义和商亦有道的人"，他想让这些研究成果被更大的慈善群体看到，从而鼓励企业担负起更多的社会责任。从这项研究以后，好时进一步扩大了自己的慈善行动，并且更愿意谈论这些慈善活动。

　　我们将研究成果告诉了麦克尼尔消费保健品公司。在随后的内部会议上，该公司认真分析了我们的研究结果，并发现了他们与其他经历过产品召回的公司的不同。这些公司在产品召回后出现了顾客忠诚度与购买意愿大幅下滑的情况。麦克尼尔随后委托我们进行了一项更深入的研究，并于2011 年 4~5 月实施。这项研究的目的之一是发现泰诺在将来应该以何种热忱与能力来加速复兴，并按计划重返市场。

有关忠诚度的语言

可口可乐公司在全世界的 200 多个国家和地区进行了市场调查，建立了复杂的品牌资产模型，用来衡量和跟踪自己与顾客关系的紧密度。公司利用这个模型预测顾客行为，以找到在促进购买力和品牌忠诚度上需要改善的地方。虽然测量得出的品牌健康度的数值一直相当稳定，然而，可口可乐在过去几年的销量却稳步下滑。克里斯和可口可乐的营销策略与发展副总裁斯坦·森那南森、营销研究主管克莱尔·豪塞一同协作，将热忱与能力的维度加入了公司的品牌资产模型中，并对结果进行广泛分析。

公司的现有模型解释了近50%的客户行为，任何市场调研员都会认为这个结果已经相当不错了。但在引入了热忱与能力维度后，这个模型的解释力提高到了58%。然而进一步检验该结果后，却出现了一个奇怪的情况：热忱与能力的模型在识别可口可乐最为铁杆的消费者行为时，更为有效。从可口可乐顾客忠诚度等级角度分析，比如从偶尔购买到狂热支持，现有模型的预测能力一泻千里，而热忱与能力模型在这方面的能力则扶摇直上。可口可乐现有的品牌健康模型在预测忠诚度最高、价值最可观的顾客行为时，结果最不准确。加入热忱与能力维度后，在预测最为忠诚的顾客行为方面，这个品牌资产模型的准确度提高了146%。不同忠诚度级别对可口可乐的购买意愿如图 1.5 所示。

35

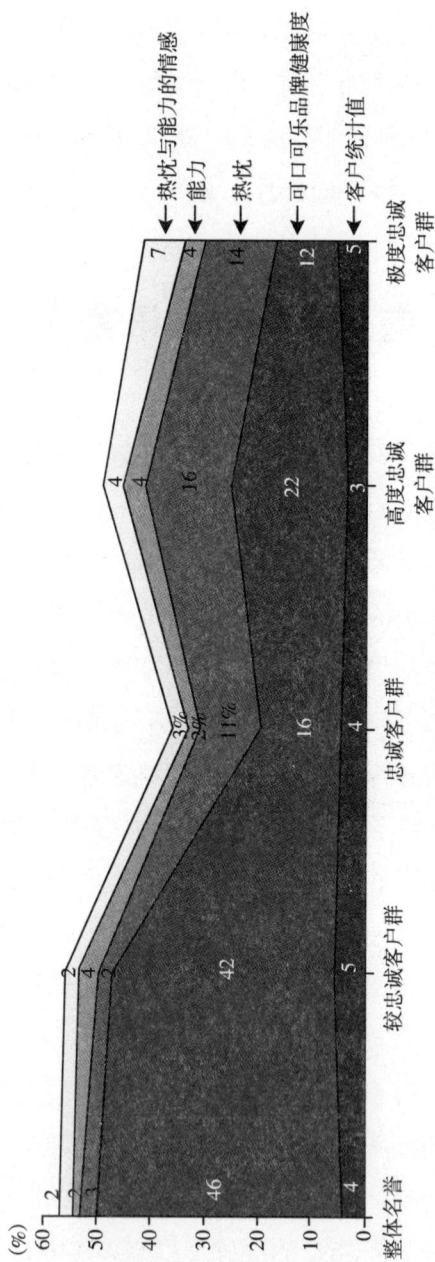

图 1.5 不同忠诚度级别对可口可乐的购买意愿

这个结果给我们提供了一个非常有价值的发现：从热忱与能力角度考虑，如果可口可乐与客户之间的关系越紧密，这层关系就越像人与人之间的关系。

所有的研究都指向了一个结论：如果公司想要在顾客关系复兴时期获得成功，就需要使用一种新的语言来表达忠诚，这种语言要以热忱与能力为核心。顾客并不会忠诚于抽象的公司或品牌，相反，我们会因为经历到、了解过或推测出的有关公司和品牌背后的那些人的事迹而忠实于他们，我们甚至不需要认识他们。在将电脑或网络作为"社会代理人"的相关研究中，我们发现，即便在进行网上交易的时候，我们也会根据对热忱与能力的感受做出判断。电脑很容易拥有人的属性，测试对象在同电脑进行交互时，会表现得彬彬有礼。[26] 我们有礼貌地对待互联网，[27] 这与我们将技术人格化如出一辙。同样地，我们在与公司和品牌交往时，也会把它们看作是有血有肉的人。

37

总体来说，这些发现都证明，"人"就是第一品牌，"面孔"就是第一品牌标志。这意味着我们过去几千年记载的贸易往来只是我们对于文明社会的一种适应性反应，我们在这个过程中享受着"看不见的品牌"给我们带来的产品或服务。我们把品牌看作是人的替身，品牌标志就是面孔的替代品，而公司则等同于部落或社群。于是，我们用和他人打交道的方式感知、评判每一件事，用这种方式和身边的一切事物交流互动。

我们本能地知道一瓶可口可乐是没有生命的，我们也知道它是由一家公司生产出来的，而这家公司是由人构成的。即使与这些人素未谋面，我们也能通过可口可乐的包装、品质，通过我们的耳濡目染，以及该产品留给我们的直接印象来判断他们是什么样的人。与好时的研究结果一样，我们发现，我们越了解产品背后的人的意图和能力，我们就越有可能成为这个产品的忠实用户。从这个角度说，我们生活中最优秀的公司和品牌就是闪耀着人性光辉的品牌，在此基础上，我们可以和它保持联系，进行评价。

38　　　　这种见解意义深远，它与过去 50 年里管理公司和品牌的方式截然不同。在与他人打交道、建立相互关系时，我们会考虑到他们的热忱程度和能力水平。如果我们运用同样的原则去感知、判断某一品牌，继而成为它的忠实顾客，那么这似乎能够说明公司一直以来都在采用错误的假设来追求顾客忠诚度。

　　　举例而言，商界的传统观点告诉我们顾客忠诚度就等同于经常惠顾。按这种理解的话，忠诚度就简单到在一段时间内不断购买产品或服务，而不去考虑如何、为何会发生这一切。然而，研究表明，购买行为本身无法有效衡量客户是否忠于某一品牌或公司。事实上，研究还发现顾客的反复购买和品牌忠诚度完全无关。

　　　为什么泰诺的顾客比雅维的顾客要忠诚？是什么驱使顾客加深了对好时的忠诚度？可口可乐狂热粉丝们的忠诚又来自于何处？所有这些问题都无法通过衡量购买频次来回答，只有透过热忱与能力的透镜才能窥见其中的奥秘。

　　　这些研究结果连同顾客关系复兴的兴起共同呼唤一种新的商业思维模式，力求建立信任基础上的顾客关系。这是一种把公司与客户的关系建立在相互信任基础之上的模式。从反复购买这个角度考虑，在顾客对公司和品牌产生认同感之前，后者必须为顾客做出永久的承诺。公司应该重新界定顾客忠诚度以及重新思考忠诚度的表现方式，这种界定反映的不是顾客对公司和品牌如何忠贞不渝，而是他们对待顾客有多么的执着、忠诚。

2 忠诚度测试
为什么我们期待公司和品牌首先向我们做出承诺

假设你在一所大型医院的采购部门工作，清晨喝咖啡的时候，你在
《华尔街日报》上发现了一篇关于某家公司的报道。目前该公司向你出售
医用敷料和绷带。上个季度，该公司盈利翻番，股票价格上涨了 8%，达
到每股 39 美元。

你可能会认为这是一则好消息，因为这家医疗用品公司是你的供货商
之一。但是你也清楚光彩业绩背后的内幕。过去两年里，该公司为取悦华
尔街，一直在削减工资，你也因为他们不断下降的服务水平而烦恼。虽然
公司花了大力气矫正，但账务问题仍然频繁出现。公司的销售代表弗兰克
也饱受折磨，越来越难联系。你尝试登录他们的网站解决你的账务问题，
但服务器接口很慢，无法打开。事实上，若不是觉得对不起弗兰克，你可
能早就转向另一家医疗用品供应公司了。这也是弗兰克所在的公司没给你
留下任何好感的原因。你甚至感到有些厌恶和被剥削，好像该公司在某种
程度上是以你为代价，才摆脱了困境，推翻了华尔街的预判。它对于你在
艰难时期所给予的忠诚却没有只言片语的感谢。

大型上市公司常常摆出以客户为导向的姿态来赢得投资界的好感，这
种关系看起来就像在钓金龟婿。钓金龟婿的人看起来对你感兴趣，实际上

他们真正想要的是你的钱。诚然，我们希望向我们提供产品和服务的公司关注自身发展，不断盈利；希望它们保持健康发展的态势，在未来继续为我们提供服务。但是，我们也希望它们能关注顾客的利益，起码要挽留住顾客对公司的好印象，吸引顾客继续惠顾。当公司为了自身利益欺骗我们的时候，我们就会感觉被利用，觉得这些公司冷漠无情。

第 1 章所提到的"热忱"一词，可以用来描述一系列令人敬佩的品质，这些品质都指向了对于他人的信赖与信任。社会心理学家注意到，热忱使他人受益，才干使自己获利。[1]一个诚实、和蔼、值得信赖的人通过关心他人的利益和兴趣传达出自己的热忱，而如果背道而驰的话，他则可能在短时间内获得更多的利益。

道理同样适用于公司。那些真正践行热忱的公司愿意对顾客的需求给予真诚的回应，即使以短期利益为代价。最令人敬佩的公司往往能与顾客建立长期的信任关系，它们一直铭记于心的是要把顾客的利益放在首位，自己的利益次之。诺德斯特姆连锁百货公司①向顾客提供了口碑式的服务。众所周知的是它曾回收由于顾客长胖而不能穿的裙子，这是信守承诺的一个极端例子，但却代表了真正的热忱——对于顾客的忠诚。

如果这种经营方式看起来愚蠢、无利可图，那么考虑一下更多地以交易为导向，仅仅关心短期销售和利益的经营方式在实际贸易中会付出多大的代价。追求快速、缺乏人情味的交易令公司和品牌承受着顾客们随时背离它们的风险。它们或许拥有超高的才干和效率，但却公然蔑视顾客对热忱的需求，这激起了我们内心潜在的怀疑和不信任。缺乏人情味，毫无忠诚可言的公司自然会令我们感到冰冷。失望的老顾客弃它们而去，丧失了老顾客的忠诚，它们不得不花费更多的时间和更高昂的代价去寻找新顾

---

① 诺德斯特姆（Nordstrom's），美国高档连锁百货店。

客。它们就像闪电约会①里的常客。最后，人们就会讨论这些公司真正关心的到底是什么。

社会心理学家也意识到了这种区别，即"交换关系"和"共生关系"。[2]交换关系的原则是"一报还一报"；你给我挠后背，我也会为你搔痒。交换关系中的人们会记录自己的付出和回报。比如，你的同事向你借钱之后要还钱给你；三明治店的老板按照约定的价格为你下单。你的回报取决于你的付出。

与此相反，共生关系依靠的是对各自需求的回应，彼此相互关照，大家共处于这一体系中。因此，共生关系中的人们记录的是彼此的需求，而不是各自的投入。如果你的邻居向你借了大约一茶杯的糖，相比收到精准刻度的糖，你会更乐于收获由此而来的饼干。约会结束后，如果朋友对你说"明天我请你来这吃一顿一模一样的午餐"，你会觉得很怪异。另一种方式则会令你感觉更亲切，比如"这顿午饭很开心，我还知道一个适合下班后喝两杯的地方，我想你会喜欢。如果这周你有空，我们可以一起去"。共生关系照顾到他人的需求和利益，而不是试图打成平手。

没有哪个企业能够严格按照共生关系进行经营，这样的代价超过了它们的承受能力。但是可以通过将共生体系引入到常规的交换型交易中，进而营造出一个健康的混合体系。在该体系中，公司和顾客都会获得长期的回报。而且，我们未必需要在理智的利己主义和慷慨的利他主义中做出取舍。心理学家指出，这两种品质相互独立运作，因此，这种关系中的个人和公司可以在为自己谋利的同时也为他人服务。[3]

如果我们将与人相处的方式投射到企业当中，那么从长远来看，与交换型交易的冰冷计算相比，共生关系所展示的热忱能够创造更多的信任。

42

---

① 闪电约会（Speed-dating），是一种有组织的联谊或约会模式，目的是鼓励人们在短时间内与大量的陌生人见面。

实际上，当我们在评估个人、公司和品牌的热忱与能力时，我们无意识地进行了忠诚度测试。热忱与能力深刻地影响着我们扩大忠诚度的意愿，针对相关范畴我们做了一系列的快速计算（参见 LoyaltyTest.com）。

电话

21 世纪初，纳克斯泰尔① 在全美无线运营商中保有最高的客户满意度和客户忠诚度。在许多产业中，包括建筑业，纳克斯泰尔的无线网络都曾是必备品，这要归功于其网络中特有的即按即通功能：使用者能与他人即刻连线，将电话用作对讲机。这种功能得到了广泛的应用，一位商业记者在 2005 年写道，"大量的基站看起来就像鸟儿的圣殿"。[4]

这一年，纳克斯泰尔被竞争对手斯普林特② 以 350 亿美元的价格并购。股东们认为这是好消息，因为并购使得合并的"斯普林特—纳克斯泰尔"一跃成为全美第三大无线公司。然而，对于纳克斯泰尔的用户而言，这并非是好消息。斯普林特和纳克斯泰尔的手机是在各自的、不兼容的网络中运行的，一经收购，纳克斯泰尔的网络即开始遭受损害。

43　　一位纳克斯泰尔的用户抱怨道，"在我每天往返家和公司的 20 分钟的路上，一个电话会掉线五次……这在斯普林特—纳克斯泰尔合并之前从未发生过"。不到一年，大规模的逃离全面爆发，成千上万一直忠实于纳克斯泰尔的老用户们纷纷脱离新近合并的斯普林特—纳克斯泰尔。那些签订了长期合同而不能离开的用户则满怀抱怨地拨打热线电话。那么公司是如

---

① 纳克斯泰尔（Nextel）是总部位于美国弗吉尼亚州的移动电信运营商。
② 斯普林特（Sprint），成立于 1899 年，公司主要提供通信业务，它建立并运营着美国境内唯一全数字的光纤通信网络，在提供先进数据服务方面首屈一指。

何回应的呢？一些经常拨打热线电话的客户的合同被终止了，科技资讯网①
报道："斯普林特与难伺候的顾客分道扬镳：无线运营商给频繁拨打热线
电话的顾客寄去了'分手信'。"[5]

　　直到 2007 年末丹·赫西接任斯普林特的首席执行官的时候，利润仍以
每季度数十亿美元的速度流失。在业内，斯普林特的客户服务水平最差，
而客户流失率高居榜首，这几乎是美国电话电报公司和威瑞森②的两倍。
赫西认为，如果斯普林特的客户不高兴，那是因为在斯普林特的管理体系
中没有确保客户高兴的责任制。《纽约时报》报道，在赫西与最高行政官们
进行第一次会议时，"他想要知道是谁负责安抚满腹牢骚的客户，没有人
举手"。[6]

　　赫西在带领公司走上正轨的过程中进行了许多初期的尝试，每一次都
清晰地包含了忠诚于斯普林特客户的承诺。赫西在电视广告中邀请现在的
客户直接给他发电子邮件投诉或提出意见，他也请求之前的客户再给斯普
林特一次机会。每一次由赫西主持的会议都首先由首席客户服务主任进行
陈述。虽然斯普林特当时仍面临着巨大的经济损失，但赫西却增加了客户
服务中心的员工人数，这一数量能够确保员工在 30 秒内接听 80% 的热线
电话。

　　公司重新规定了客户服务中心员工的培训项目和接听程序。之前，当
客户服务中心员工人数紧缺、捉襟见肘的时候，主管为了减少其他拨打热
线的客户的等待时长，会迫使接线员尽快结束通话。然而，在是否能够真
正解决客户投诉方面却没有要求，员工因此毫无压力。所以，客户不得不
频繁拨打电话才能最终解决自己的问题。在新的体制下，斯普林特开始评
估"一次通话解决率"，同时也是第一次，报酬开始与客户满意度挂钩。

44

---

① 科技资讯网（CNET）是一家美国高科技媒体网站，该网站面向全球提供评论、新闻、文
章、博客、技术和消费电子的播客信息。
② 威瑞森（Verizon）是美国第一家提供 320 万像素照相手机配套销售的无线营运商。

越来越多的热线直接拨打到"一次通话解决率"高的客户服务中心，而那些表现不好的服务中心逐渐被淘汰。

2010 年，福雷斯特烟酒公司①的哈利·曼宁这样评价斯普林特："很少有公司会说他们不在乎顾客……但是斯普林特做到了真正从战略上改变公司的体系和文化，例如更改报酬标准和由主管人员对顾客体验负责，这一点确实与众不同。"[7] 同年，福雷斯特提名斯普林特为当年顾客体验调查排名中进步最大的三家公司之一。其他独立评级机构评选斯普林特为无线通信产业中客户满意度最高的公司，而这距其跌入谷底仅仅两年。最重要的是，拨打热线电话的数量和客户变动率都降到了行业平均水平。

"这不是什么复杂的事，"斯普林特首席客户服务主任鲍勃·约翰逊在提及客服中心的运转时对《堪萨斯城星报》说。"当他们打来电话的时候，我会更关心他们，处理好他们的问题，让他们感到舒心，不愿意离开我们。"2012 年 5 月，斯普林特再次超过主要无线运营商荣膺客户满意度榜首，该评级由君迪公司②和美国顾客满意度指数模型（American Customer Satisfaction Index，ACSI）③做出。[8]

或许，一位一线员工的话能最好地佐证斯普林特在关心客户方面的转变。"我向我的团队灌输的是要像对待自己的家人一样对待顾客，"来自迈阿密南海滩的商店经理亚历克斯·阿卢姆这样说。"客户离店时的感觉越舒心，他们就会给我们介绍更多的业务。长期的合作关系来自于良好的客户服务。"[9] 与冰冷的计算相比，共生关系的热忱会激发出更多的忠诚。

45

————————

① 福雷斯特烟酒公司（Forrester Research）是一家独立的技术和市场调研公司，针对技术给业务和客户所带来的影响提供务实和具有前瞻性的建议。
② 君迪公司（J.D. Power），全球性市场咨询公司。
③ ACSI 是一种衡量经济产出质量的宏观指标，以产品和服务消费的过程为基础。对顾客满意度水平的综合评价指数，由国家整体满意度指数、部门满意度指数、行业满意度指数和企业满意度指数四个层次构成，是目前体系最完整、应用效果最好的一个国家顾客满意度理论模型。

除了投资团体，别无其他

大多数坠入斯普林特 2007 年遭遇的那种生死旋涡的上市公司都没能幸免。一旦经济衰退蚕食了公司的利润，华尔街就希望通过裁员和降低成本支撑股票价格。从管理的角度考虑，裁员和减少支出是生存策略，能够在投资团体中保存体面。但这种策略却没能考虑到，如果员工减少并且公司与客户的关系变得支离破碎，那么一旦未来几年经济好转，公司则很难重整旗鼓。

假设你工作在本章开篇提到的医院的采购部门，不知道弗兰克所在的公司到底发生了什么事。你只是发现弗兰克不如以前容易联系，即使联系上，他也不像以前那样乐于帮助人。你每年在他所在的公司消费 200 万美元，而受到这样的待遇，你感到不满。弗兰克的态度是很事务型的、公事公办的感觉，这一点你以前从未在他身上发现过。

事实上，弗兰克目前正在做自己以及另外两名被裁掉员工的工作。因此，他只是严格根据合同，把对你的服务降到最低点。供货源源不断，你也在不停地付钱给弗兰克。但是在这种关系中想要维系相互的忠诚，仅凭能力这一点是难以企及的。当一家公司提供有效却冷漠的服务时，我们并不会为此感到愉悦，即使这种服务或产品具备超高的性价比。相反，研究表明，在交换型交易中一个冷漠却能干的公司首先为自己的利益服务，而很少考虑到我们的需求和愿望。我们感到被利用。

46

缺乏热忱的才干很可能会令人产生怀疑。这会使我们担心，一旦触碰到他们的利益，我们那有能力的合作伙伴就会把我们抛弃。你的担心确实是有道理的。这就是发生在抱怨斯普林特糟糕的服务而被其"炒掉"的客户身上的事情。

不幸的是，削减开支和降低服务水平已成为大企业在行业萧条时期保持现金流的共识。管理人员很容易低估或忽视短期削减带来的危害，比如疏离客户，增加客户流失，以及不可避免地降低长期利益。这是因为，对于上市公司的管理层而言，没有任何人、任何组织比投资团体更重要。

忠诚度的问题

2012 年 5 月，斯普林特的首席执行官丹·赫西已经可以在投资者电话会议中骄傲地说，在客户忠诚度上投资，不仅是对的事情，而且也是极具回报的事情。两年里，斯普林特通过多种经营方式提高客户忠诚度，从简化的账单到更好的客服中心体验。消费者用他们的忠诚进行了回应。他们留了下来，许多人花更多的钱来购买优质服务。客户们表明，如果斯普林特愿意改进，他们也愿意多花一点钱支持该公司。

"良好的客户服务花费不多"，赫西告诉投资者们，"而消费者愿意为良好的服务多花钱。因此，这就是终极的双赢。"赫西估计，由于简化的账单和更优质的服务，斯普林特能够减少 50 亿美元的支出。由于电话量减少，斯普林特关停了 29 家客服中心。由于不用通过积分奖励安抚不满的客户，斯普林特也节省了一大笔开支。"我们提供的消费积分远少于以前"，赫西解释道，"如果一个客户确实被惹怒了，打算解除合约，通常你会通过积分奖励，满足顾客条件等诸如此类的方法去安抚他。但是，如果你能提供良好的服务，你也就不需要做这些了。"

然而，最值得注意的是，斯普林特一经提升自身的服务水平，公司就意识到价格最终会涨上去。2012 年第一季度，该公司每个用户的平均利润上升 4 美元，用赫西的话说："这已超过该产业有史以来任何一家公司年复一年努力的成果。"[10]

大量研究表明，具有较高客户维系水平的公司能够享受高于行业平均水平的利润。[11] 但是一直以来，各大公司和品牌都误解了这一概念。它们认为，如果能够保留住客户——即使通过折扣和补贴来贿赂他们——那么公司与顾客之间就会建立起长期、忠诚的关系。通过忠实于客户，能获得客户对产品或服务的忠诚；靠积分奖励也能够换来回头客。但不能将这两者混为一谈。各种奖励和优惠其实是降价和打折的障眼法。降价和打折虽然令人感到愉快，却没有持久性，不能产生顾客忠诚度，只有人情味才能激发出热忱。

常客优惠

据估计，2006 年美元作为流通货币的霸主地位被悄悄取代。然而，美元并非被欧元或日元击败。相反，航空积分里程成为全世界第一的通货。在当时，未使用的航空里程数估值高达 7000 亿美元之多，超过所有美元纸币和硬币价值之和。[12]

在以顾客"忠诚度"为名进行的大量投资中我们能得到多少回报呢？不会很多。这些所谓的忠诚度项目有两大缺陷，最终可能导致弊大于利。首先，众所周知，在既定领域，这些项目很容易被仿效并由其他公司或品牌提供。这些竞争项目的区别往往不是很大，维系时间也不长。在不同公司和品牌间消费可能会在积分或其他类似的活动上有些许损失，但我们可以轻松地在它们中间选择。因为，所有的公司都会提供某种折扣，虽然我们从所选的公司获得折扣，但这并不会在很大程度上增加我们对该公司或品牌的忠诚度。

假定我们参加了航空公司、酒店、信用卡公司甚至是零售店的所有忠诚度项目，那么考虑一下这一切项目的基本前提是什么。我们的每一笔消

费，都能得到用来换取免费产品、服务或现金的积分奖励，这对我们大多
数人而言都相当有吸引力，谁不想在买心仪商品时得到折扣或优惠呢。但
是我们要明确一点，这绝对不是建立在相互关系基础上的忠诚，忠诚于某
一公司或品牌意味着我们信任它，愿意惠顾。这是为了刺激反复消费而做
的经济方面的优惠和折扣，无论我们是否喜欢它、信任它。

忠诚度和积分回馈最糟糕的一点是它们无疑并且一定会导致公司的成
本增加——增加的成本则以价格上涨的方式转嫁到消费者身上。2009 年，
堪萨斯城的联邦储备银行对信用卡积分回馈进行了研究，结果表明无论是
消费者还是发卡方的处境，都最有可能由于这些项目的扩大而每况愈下。[13]

一个典型的积分回馈项目在公司年度营销花费中占据很大的比例。在
酒店行业，一旦客户加入积分回馈，接下来每笔消费的一部分（通常是
5%）都将被划拨到一个账户中，用来支付积分兑换和其他项目的开支。从
49　会计学角度看，对这些积分回馈基金的处理方式有点像零售银行的存款。
账户中必须时刻保有一定水平的基金，用以确保能够兑换所有积分。每
年，外部的精算评估要根据近期的活动情况来决定下一年的基金水平。该
评估还要考虑到一种可能性，即在所有积分兑换完成前，相当一部分积分
已经到期。

因此，除去积分回馈项目自身的花费，该项目还在管理、监控和促销
方面产生大量的开销。堪萨斯城联邦储备银行正是在这一点上发现了项目
提供者和消费者共同的损失。主要的受益者似乎是提供各种服务的一个庞
大的体系，他们为公司和品牌做销售，管理积分回馈项目，并从中获益。

再次重申，问题的根源在于对忠诚度本质的误读，企业总是以为可以
用折扣和积分买到真正的、关系型的客户忠诚。任何饱受各种服务折磨的
消费者都能够证实我们的这种持续消费，无论这些服务是来自于无线运营
商、有线电视公司，还是离家最近的机场里的主要航空公司，并不能真正
代表我们对这些公司的忠诚。相反，这更像是证明我们已然被劫持，除非

付出惨烈的代价，否则我们没有更好的选择。

从另一个角度看，沃顿商学院①的斯蒂芬·霍克教授发现，我们常常会对那些没有忠诚度项目或积分回馈项目的零售商保有很高的忠诚度——乔氏超市②就是最突出的例子。仅此一项观察结果就使得忠诚度和积分回馈项目的可信度备受质疑。

"大量的忠诚度项目只是以蹩脚的方式给重度消费者③打折"，霍克在2007年接受访谈时谈道："这也未必是坏事，因为重度消费者对于价格更为敏感。你想给他们优惠，可问题是，如果每个人都给重度消费者折扣，这样还会产生客户忠诚吗?"[14]霍克似乎在说我们所谓的"忠诚度"是多么的弱不禁风。例如，我们中的许多人都有三四家超市的会员卡，这意味着我们并不忠诚于任何一家店。使用会员卡只是方便我们无论在哪里消费都能享受到优惠。

作为通用原则，旅游产业中积分回馈的目的是将消费者的参与度最大化，同时限制实际的积分兑换。促销广告上往往会标有"消费 Y 就能免费获得 X"，通常听起来既合理又诱人。然而，消费者常常不会注意到广告上用极小的字体标明的特殊要求和限制。例如，要获得优惠还需满足几个额外的条件，或者在积分兑换的时间、地点上有限制。这些都将积分兑换设置在一个可操控的水平。因为，如果每一个满足条件的顾客在每一次符合条件的消费后都能得到回报的话，那么积分储备金将很快超支。

这些项目设计出来可以确保很大一部分挣得的积分永远不会真正递交到消费者手中，虽然这一点听起来很奇怪。这种被称作"滑移④"的概念，

50

---

① 沃顿商学院（Warton）被誉为现代 MBA 发源地，创立于 1881 年，是美国第一所大学商学院，也是世界上历史最悠久、学术声誉首屈一指的商学院。
② 乔氏超市（TraderJoe's）商品经营的特点，一是消费者支付得起的高端、有机食品；二是80%以上的商品是自有品牌。
③ 重度消费者，指对于某种产品有着较多的购买行为、消费量较高的消费者人群。
④ 原文是"slippage"。

是每个产业、每项积分回馈的中心环节。事实上，当公司和品牌着手更改积分回馈项目的名称和条件时，通常是为了更好地控制积分兑换的滑移，降低收支清单中因已经获得但没有兑换的积分而产生的债务。这种财务风险管理的问题是，大多数消费者都是在消费发生后才发现以极小字体印刷的要求和限制。可以想见，消费者当然会不满意，也就不会产生客户忠诚度。

　　除了为创建客户忠诚度和回报客户忠诚度所进行的大量投资以外，公司和品牌常常以最大程度的倦怠和冷漠对待客户，令他们感到极度愤怒和不满。然而，尤其令航空公司、酒店和信用卡公司等产业感到痛苦的是这样一个事实：消费者认为积分回馈项目应该是无处不在的、预想当中的、想当然存在的。没有积分回馈项目就失去了竞争的砝码——不是因为该项目有效果，而是因为最有价值的顾客根本不会考虑与没有行业标准优惠服务的公司打交道。结果，这成了获得顾客的敲门砖，就好像玩扑克牌之前下的赌注。总之，积分回馈在维系客户忠诚度方面表现糟糕，当然，这种情况在刚刚相识并互相欣赏的两个人中也有可能出现。

　　考虑一下商人们在采取中世纪营销模式之前是如何与顾客建立忠诚关系的，我们会发现一些有趣的、与今天的积分回馈项目相似的活动，而这些活动却达成了积分回馈未能实现的目标。在一个小社区里，商人们很快就能发现哪些顾客是常客，认出他们的容貌，知道他们的名字，记住他们的消费习惯，并感激他们的惠顾。通常，他们会提供折扣或表达感激之情。人类的本性驱使我们去回报善意的举动，[15] 而礼物则表明了想要创建共生关系的意愿。从这个角度看，以前的商人与现在的我们并没有什么不同。虽然直到 1896 年才由斯佩里和哈钦森公司开始向零售商发售绿色盾牌邮票①，但是几个世纪以来，商人们一直利用回馈重度消费者的方式表

---

　　① 斯佩里和哈钦森公司（Sperry & Hutchinson）发行的邮票并不是贴在信封上，而是作为奖励发给消费者，当消费者集齐一定数量的邮票即可换购指定商品。

达人类所特有的人情味和感激之情。[16]

　　曾经，商人与顾客之间建立忠诚关系的另外一个关键点是认识。长期以来商人们通过熟悉顾客的个人情况来认识他们，顾客也希望在打招呼时对方能叫出自己的名字，或是得到某些额外的关注。这种熟识要求商人有意识地记住重要的顾客，并且当他们光顾的时候能给予其礼遇。这样的热情款待令我们意识到他人对自己的关怀，从而建立忠诚关系。与积分回馈和打折相比，良好的意图会对我们的忠诚度产生更深远的影响。

52

　　当然，今天的积分回馈也试图达到类似的目的，他们建立不同的会员等级来识别不同层次的消费者。银卡、金卡、白金卡和钻石卡等都对应着不同的特权、回馈和服务。然而，向我们赋予特权的酒店、航空公司、银行和零售商们并没有真正认识我们。他们只是注册一个与我们的交易信息和相应回馈挂钩的账户号。对于他们来说我们只是一个数字。这一自动系统在回馈我们时已经把我们变成了中世纪市场营销模式下的顾客，我们只是一群没有名字、没有面孔，与他们毫不相干的"消费者"。

　　而且，任何承诺按等级回馈的特殊待遇往往都无法兑现。虽然商家承诺给我们特别关照，可最后却令人感到更加恼火和失望，不如一开始就不提供任何积分回馈。一位酒店行业的经理讲述了他的遭遇，他在自己的特许经营连锁酒店兑现等级识别和积分时遇到了挫折。他为"高级会员"制定了一套新的识别—受益的方案，其中包括免费的房间升级。但是他在制度制定后的第一次出行时就发现了事与愿违的真相——一位冷淡的前台服务员在登记入住时忽视了他的"高级会员卡"，没有给他办理房间升级服务，甚至在这位经理指出自己的会员级别时还表现出一丝轻蔑和冷漠。"他最大程度地破坏了我们与客户之间的关系，"这位经理回忆道。他的连锁酒店开始研究如何以电子交流的方式完全绕过前台来自动识别高级会员，比如在登记入住时发送问候短信。

　　更为常见的是，积分回馈经常通过电子邮件对我们狂轰滥炸，但这一

切仅是基于我们之前的消费行为，而对我们为什么消费或是我们都做了些

53 什么却一无所知。邮件中的交易和不相关的建议令人疲惫不堪，反映出来的是他们对自己销售业绩而不是对顾客的关心，这一点使我们感到疏离。早期的商人非常熟悉自己的客户，了解他们喜欢什么，谈论和他们相关的话题，根据自己的了解为客户提供服务。店主们会留意老客户们感兴趣的事情，即使当他们无法提供优质服务的时候，至少他们会根据对顾客的了解表达诚挚的歉意。

　　向公司投诉，并很快得到回复，感受到尊敬的顾客对公司的忠诚度要高于那些一直没有投诉抱怨的顾客。[17] 这也就解释了保持热忱和忠诚的重要性。一则投诉引发了一次交流互动，反过来为公司提供了一个向顾客展示忠诚的机会。另外，如果某些千人一面、毫无特色的公司用积分、里程数或是十次免费咖啡来讨好我们，我们也很乐于接受这些优惠，但是这样的方式并不会带来真正的忠诚关系。

　　沃顿商学院市场营销教授埃里克·克莱蒙思讲述了一个发生在自己身上的故事。大约 20 年前，他在伦敦的洲际酒店经历过一次痛苦的入住。他详细记录了在他入住期间所有令人不满意的地方。退房的时候，客户经理与他一起讨论了投诉中的意见和建议。她希望克莱蒙思教授给酒店一次机会，再来一次。从那时起，洲际酒店将克莱蒙思的信息整理在案。比如，当他和小女儿一起旅行的时候，酒店会确保他们入住的房间没有阳台，以免小女孩发生危险。自此以后，克莱蒙思每年都会入住洲际酒店十余次。

　　跟踪克莱蒙思做随访的洲际酒店经理说，她标记每一个投诉的顾客，"如果他们愿意向你提出问题，那么为他们做出改变就很重要，并且要把

54 这种改变化作进步的力量。我随访了很多提出问题的顾客，而他们最终会成为你最忠实的客户。"[18] 这些看起来有趣的人类行为更能证实这一点：我们忠诚于公司或品牌背后的人，而不是他们的产品、价格或其他会员项

目。作为忠诚度测试员，我们常常愿意原谅一些做得不足的地方，而在适当的地方为他们"加分"。

从相识到推介

凯利·菲迪斯医生经营了一家全美最与众不同的牙医诊所。在盐湖城120万个诊所当中，他的客户甚至包括从得克萨斯州和百慕大地区远道而来的病人。很多来此就诊的患者甚至不能用保单付费。他不打折，不促销，也不做广告。

你可能会猜测菲迪斯医生是一位无与伦比、医术精湛的牙医。他确实以全班第七名的成绩毕业，但他认为这并不是他与众不同的原因。相反，菲迪斯首先是一位践行对患者忠诚的执业医师。所有病人都有他的电话号码。他一次只预约一位患者，无须等待。而且他会花大量的时间教会患者如何照顾自己的牙齿，增加"他们的口腔知识"。他的目的是让患者真正明白自己所接受的治疗，并且能用平实的语言解释给他们的邻居。他发现通过这样的讲解，患者可以更好地保护自己的牙齿，实现谁的口腔谁做主，因此也降低了未来患病的概率。

所有这些都解释了为什么菲迪斯医生无须打广告或打折促销。几乎所有的新客户都由老客户介绍而来。通过打造长期的客户关系，他吸引了一批不可思议的追随者。从新客户到变成拥护者，他们主动介绍朋友和亲人来此就医。起初，菲迪斯在一家拥挤的牙科诊所工作过一段时间。他被告知，牙医学就是麻醉病人，进行治疗，然后接待下一个患者。其他医生会同时预约三个病人，这就不可避免地耽误时间，延误进度，治疗室一下变成了等待室。诊所的工作原则是，如果能在今天治疗，"就不能让钱从门缝溜走"。"这不是我想要的，"菲迪斯回忆说。诊所并没有把患者的利益放

55

在首位，而他对此并不满意。"我想，这里似乎不适合我，"六个月后，他离开了这家联合医疗诊所。

此时，29 岁的他与妻子生活在一间公寓里，正期待着第三个孩子的降临。尽管还肩负沉重的助学贷款，但他开始自己创业。诊所一周只有一两位患者，完全处于劣势。"我按照老办法开诊所，希望只要我营业，就会有人来，"他说。"这样做，我就有时间与患者相处。需要多久的治疗时间，我就花多长的时间，无须匆忙结束治疗，我可以和他们聊聊天……回答他们提出的所有问题。知道吗？这样虽不会赚很多钱，但是我喜欢。"

现在，无论是看起来还是闻起来，菲迪斯的诊所设计得都不像是牙医诊所。这里装饰风格新潮，墙上挂着高端艺术品，房间里的香气让患者忘记了自己即将接受的治疗。视觉和气味对于菲迪斯很重要。在大多数诊所里，他认为，"这两种东西总是会让患者情绪低落。美好的第一印象很关键。因为当我接待一名患者的时候，他已经根据先前的经历——别人的推荐、预约的情况、等待的时间等做好了心理准备。如果所有这些经历都是积极的、正面的，那么我的工作就会容易展开，因为患者们都很轻松、自在。"

治疗过程也与典型的牙科治疗大不相同。"你推门进来，我也一如既往地守时，"他说，"我们从不会一而再、再而三地更改预约时间。我们一次只预约一位患者，因为不用挨个诊室看病人，就诊的实际效率也就更高。我们员工少，所有注意力都集中在一名患者身上，我也能快速完成诊疗的实际工作。这一点，患者们都很欣赏。我和患者同时坐着，直到治疗结束我才站起来。没有电话干扰，没有三心二意，全心诊治。"另外，他补充道，"患者们习惯性地认为诊疗和麻醉需要很长的时间。错！这只是医生去看第二个或第三个患者的借口。这样不仅效率低，而且浪费了所有人的时间。"

菲迪斯从未雇用过牙科保健师。所有的洗牙业务都由他自己完成。

"这在如今的牙医界闻所未闻，"他说。"因为挣不了多少钱，牙医们不愿意为顾客清洗牙齿。牙医们只想做一些高级别的诊断，而不是 100 美元的牙齿保健。但这却是与病人建立亲密关系的好时机。比如说，你好吗？最近怎么样？"简单的牙齿清洁将我们与患者联系在一起，渐渐地教会他们牙齿保健的常识。如果派牙齿保健师做这些工作，他就不会有这样的时间与患者相处，那么他与患者交流的机会就仅限于所谓的高价值的治疗过程了。

因此，他说："我的整个诊疗都是基于同病人的交流。"通过这样的纽带关系，他几乎从未流失过任何客户，同时他不断获得新的转诊病人。他没有花钱做广告，也不需要这样做。最终，他的诊所生意兴隆。他经营的黄金法则是"急他人所急，想他人所想"。"我不喜欢等待，"他说，"因此我也不愿看到他人在等待。"菲迪斯周五休息，但如果有急诊他也会赶过来，因为这也是他自己期望得到的服务。菲迪斯不会为急诊多收费。相反，他悉心照顾患者，而患者们也投桃报李，成为他的拥趸，为他宣传。这就是患者对他的关照和感激。

菲迪斯无意成为牙医界的"梅赛德斯–奔驰"，但这就是他取得的成就。奔驰是奢侈品牌，但从顾客忠诚度角度看，这不是它与众不同的原因。在汽车奢侈品牌中，奔驰以 55% 的顾客忠诚度高居榜首。因此，它要更上一层楼，将客户转介作为公司的一个发展目标。

"我们的目标是把客户变成我们的宣传员，"美国梅赛德斯–奔驰的董事长兼总经理史蒂夫·坎农这样说。"顺畅、美好的体验还不足以将顾客忠诚转化为顾客推介。如果他们享受到美好的消费体验，那当然很好。但是当我们跃上新的高度，使客户体会到一丝与众不同，体会到我们的绵绵情意，那么从某种程度上，我们已经跳出了羁绊我们的藩篱。"

例如，奔驰对顾客践行"随手行善"策略，提供顶级活动的邀请函，如高尔夫大师赛、纽约的时装周、美国网球公开赛等。奔驰公司与全美 14 家顶级酒店结盟。也就是说当奔驰车主登记入住的时候，将免费获赠一瓶葡萄酒、价值100美元的温泉疗养以及景点积分，借此表达奔驰公司对车主的感激。新近购买高性能AMG奔驰车的车主都会获赠与专业赛车手的预约，在赛道上学习如何在极端条件下驾驶。

"这种驾驶体验将忠诚客户转变成——不只是推介者——不如叫他们'狂热拥趸'，"坎农说。"一位客户带着他的爸爸一起来体验，随后在给我们的信中写道，'这是我一生中与我的父亲度过的最棒的一天'……梅赛德斯-奔驰公司提供的情感体验是无法用金钱衡量的，正是这种感情将用户转变为推介者和狂热拥趸。"

58　　　史蒂夫·坎农是第一个承认所有奢侈品牌在质量方面都不相上下的人。"每个品牌都在自己的领域不断提升，"他说。"品质水平在不断地接近……就汽车本身而言，没有人需要开价值10万美元的汽车，2万美元的车已经日臻完美。因此，一切最终归结于体验……由它决定是否值得购买。"这促使奔驰经销商们想尽办法脱颖而出，不仅同其他品牌竞争，还要同其他经销商较量。许多奔驰经销商都制订了欢迎新客户的计划，例如送花、生日贺卡和周年纪念卡等。坎农还提到了南加州的一位经销商，他为客户提供终身免费汽车清洗服务。

芝加哥地区的洛伯汽车就是这样的经销商。高级销售经理鲍勃·德阔说该公司一直秉承创始人的经营信条，"如果你不去满足顾客的需求，就会有其他人去满足他们。"他补充说，"基本上，我所做的一切就是听从顾客的要求，想他们所想，与他们一直保持联系。"[19] 他估计60%~70%的销售都来自于回头客。他还知道有一些客户，不畏路途遥远驱车前来，一路上路过了许多其他奔驰经销商，却愿意为了他光临洛伯汽车。

鲍勃认为每一位奔驰买家都比他聪明，甚至包括那些看起来与典型的奔驰车主不一样的造访者。他记得有一次花了半个小时与一位十几岁的少年聊汽车，虽然他清楚这个孩子还不到驾驶年龄，更不用说会买车了。6个月之后，少年带着他的叔叔再次来访，并说鲍勃就是那个热情接待他的销售员。他的叔叔当天就定下了一部车。

还有一次，鲍勃注意到一个 20 岁出头的小伙子一直在目不转睛地注视营业厅里最昂贵的那辆车。"这个小伙子并不符合典型的奔驰车主的形象，"鲍勃回忆说，"甚至没有人去招呼他，哪怕是问问他是否来应聘清洁员。"年轻人告诉鲍勃他想买这辆车，但是想先看一下宣传册。这款车的宣传册刚好没有了，于是鲍勃记下了他的名字和电话号码。他认出小伙子的姓氏属于芝加哥一个显赫的家庭。"第二天早上九点半我就接到了电话，"鲍勃大笑着说，是年轻人的父亲。"他在电话里说：'好吧，你的展台前有一辆蓝色的汽车，我儿子想要买下来，我们下午一点来提车。'……除了这辆车，自此之后他们家还来买走了十余辆，现在我仍然在卖车给他们家。"

凯利·菲迪斯和鲍勃·德阔的成功在于他们通过了顾客忠诚度的测试——而他们的竞争者却落败于此。忠实客户对他们的信赖、承诺以及支持首先来自于他们对顾客需求和兴趣所展示出的真实情谊和坚实承诺。你会发现，顾客们愿意为公司和品牌的这种简单、有效的工作热忱和工作能力大方埋单，而这一切都有赖于有益意图原则。当公司或品牌的表现超出了顾客对其有益意图的期待，忠实客户就转变成了热情的推介者，积极地向别人推荐这一公司或品牌。

3 有益意图原则
展示热忱与能力的简单、可靠的办法

61 　　卡罗琳·博谢纳认为自己是个购物狂，但是现在她已经能控制自己的购物欲望了。时间回到 2008 年，当时生活在加利福尼亚州奥兰治县的卡罗琳已经是三个孩子的母亲了，她刚刚在健身房完成了自己的减肥目标，决定从露露柠檬①买些健身服来犒赏自己。这家引导时尚潮流的服装店不久前刚在纽波特比奇市开业。

　　接下来的五年里，卡罗琳估计自己在露露柠檬消费了大约 2.5 万美元。她做了一个有日常支出的电子数据表，因此很清楚自己的花销。她名为"露露柠檬控"的博客每月会吸引 65000 名不同寻常的访客，包括时常被称为"露露群"的其他露露柠檬粉丝。他们会将自己穿着露露柠檬最新款服装的照片发送给她。她的博客还为"露露的新买家"提供了内部术语词典，例如："安吉尔——去当地经销店为你购买露露（如果你家附近的商
62 店没有该款服装或者你家附近没有露露柠檬店）并且邮寄给你的人。"零售商到底有什么法宝让顾客纯粹出于对产品的喜爱而愿意为他人跑腿购

---

　　① 露露柠檬（Lululemon）是瑜伽服装品牌，短短几年时间就从众多体育服装品牌中脱颖而出，而且露露柠檬如今已俨然成为时尚的代名词。

物呢？

露露柠檬以迅雷不及掩耳之势抢占了女性运动服市场。2000 年露露柠檬发端于加拿大温哥华的一家瑜伽用品商店，随后它在北美和澳大利亚迅速拓展，拥有 200 多家连锁商店。尽管产品价位高，但却能很快销售一空，忠诚顾客对于产品有着一种近乎邪教般的追随，这一切都拜零售商的经营方式所赐。2012 年博谢纳接受了商业内幕①的采访，她解释道："它的服装真的很适合我，而且面料的质量比其他品牌要好。"她补充说该品牌尤其吸引年龄较大的女性："你不用非得穿着短裤上印有大大'PINK'字眼的运动服锻炼身体，它们的服装没有那么性感、暴露，你不会觉得自己很惹眼，也不会觉得不自在。"[1]

尽管 2013 年初发生了一次短暂的瑜伽裤召回事件，然而清楚的是，露露柠檬的粉丝是受到产品质量和舒适性的吸引才前来购买的，该公司在这方面具备高超的水平。顾客喜欢露露柠檬的原因有很多：它的面料和设计能衬托并修饰穿戴者的身材；公司以名誉担保经反复洗涤后服装仍不变形；拥有专利功能面料，如"露昂"、"银香"②等，其中"银香"中包含具有除臭功能的银纤维。其他竞争品牌的瑜伽裤售价不足 50 美元，而露露柠檬的瑜伽裤则是 78 美元起售，而且几乎从不打折促销。露露的粉丝也认为物有所值，几乎 95% 的露露柠檬产品都是正价销售。

然而，与其高超能力相媲美的是露露柠檬公司热忱、独特的销售方式，这也从多个方面吸引着顾客。露露柠檬的商店规模往往较小，看起来有一点乱，故意营造一种放松的、宜居的氛围。商店免费为顾客缝裤脚。[2]在这里，顾客被称为"客人"，销售员被称作"老师"③，因为他们还承担着讲解和告知的任务。与其他商店的销售员相比，他们在接受更专业的训练

① 商业内幕（Business Insider），美国知名的科技博客、数字媒体创业公司、在线新闻平台。
② 露昂，原文是"Luon"，银香，原文是"silverescent"，均为露露柠檬的专利面料。
③原文是"eds"，是英语"educators"的缩写，意为老师、教育工作者。

的同时也享有更优厚的工资待遇，因此他们要为顾客讲解公司的产品，帮助他们找到适合的服装（甚至服装标签的设计都具有教育意义，告诉顾客"我们为什么这样设计"）。

63   露露柠檬真正与众不同之处在于每一家独立的零售店都围绕自身建立社区。早在新商店开业一年以前，露露柠檬就开始调研附近区域，在当地寻找愿意成为露露柠檬"社区大使"的知名瑜伽教练和健身教练。这些大使可以以折扣价购买露露柠檬的产品，作为交换的是，他们的课程由露露柠檬的线上、线下商店推广。露露柠檬的大使还组织免费的跑步俱乐部和瑜伽课程。瑜伽课程通常就在商店的地板上进行，他们在营业之前把开放的货架移到一边，课程结束后再挪回来。

公司的愿景宣言醒目地陈列在每一间连锁店里，折射出创始人奇普·威尔逊的愿望——"提升这个世界，从平庸到伟大"。公司的指导原则也以励志语的形式印在包装袋上（"每天做一件令你感到害怕的事情"）。露露柠檬的文化鼓励每一位客人为自己设定人生目标，而不仅是健身目标。网站上提供可免费下载的目标制定工作表，帮助你"创建你的理想生活"。

露露柠檬传递了这样一条信息，在这里我们支持你练习瑜伽，支持你追求理想生活，无论你是否购物。很多时候，公司花费大量的时间和资源将顾客的利益置于首位，而收获的回报也是硕果累累。根据每平方英尺收入计算，2012 年露露柠檬位居第三，仅次于苹果和蒂芙尼①。[3] 倚靠忠诚顾客的狂热追随，露露柠檬从最开始的默默无闻一跃成为世界上最赚钱的服装公司。

华尔街并不明白露露柠檬是如何催生出如此非凡的品牌忠诚度的。分析师在财报会议上询问露露柠檬是否正式调研过顾客如何看待该品牌（露露柠檬并没有做过也拒绝这样做），他们也就该公司存在故意限制畅销产

---

① 蒂芙尼（Tifffany&Co.），美国珠宝和银饰公司。

品库存等行为进行了询问。2012 年 12 月，一位分析师询问首席执行官克
里斯汀·黛伊为什么曼哈顿上西区新开的商店没有悬挂公司的招牌。黛伊
解释说："我们不迷信，不盲从。对于能够成为街道社区的一部分，我们
心存敬意。我们利用社区开展工作并驱动潮流，而不仅是成为一个标识。"
黛伊的意思是如果你的长期目标是建立以商店为核心的社区，那么在开设
新店时你就会心存敬意。我们不需要以盛大的开业彰显品牌的存在，而是
要通过调动大家的兴趣，令"露露群"们感到与众不同。

信赖——我们的默认设置

露露柠檬的成功策略蕴含了我们提倡的有益意图原则。这是关于关系
创建的原则，包括通过始终将顾客的最高利益置于公司和品牌利益之上来
吸引和维系顾客。一些公司是出于自身需要而发现了这一原则，而露露柠
檬则不同，它创建于该原则之上并奉行至今。正是由于这种无与伦比的热
忱与能力，露露柠檬才能通过每一个当地的分支店铺与顾客保持直接的交
流和对话。这种一对一的对话与传统的市场信息发布模式截然不同，露露
柠檬能够将自己的有益意图原则清晰、透彻地传递给每一位顾客。

如果企业试图仅凭能力来获得顾客的忠诚将面临很大的挑战。大多数
人在大多数时间里已经十分满意自己早已习惯购买的产品和服务。在理智
的情况下，尤其是在竞争品牌之间的质量差别越来越小、越来越难以察觉
的情况下，我们不太可能去改变消费习惯。只有由有益意图连接的情感纽
带具备改变我们想法的力量。当有人向我们提供有益意图，并且这种意图
是以令我们受益的、开放式的关系呈现的时候，我们才有可能转变立场，
尝试新鲜事物。

克里斯的同事埃德·华莱士向他介绍了这一理念，"有益意图"是所有

成功的一对一的客户关系的基础。埃德将有益意图描述为"将他人的最高利益置于商业关系核心地位的固有承诺"。[4]

埃德认为，任何与顾客打交道的员工都必须针对顾客的目标、喜好和纠结表达有益意图。这是在日新月异、风云变幻的商业环境下提升顾客关系、建立宝贵关系资本的唯一办法。他认为，有益意图是"职业客服人员的黄金法则"。同时商家还必须有信誉，能够保证质量。然而，除非你能传达你的有益意图，否则你的客户总是会想四处比较，寻找其他提供相同质量的产品和服务，并且价位更低的商家。大多数情况下，我们通过那些相对容易，无须花费很多钱的小事来传达有益意图，但是却清晰地向顾客传递了卖家的美好意图。

在顾客关系复兴期间，最有价值的商业关系具备传统的一对一的商业关系特点。然而，大多数公司却在这一范例上纠结。第 2 章讨论了公司积极开展"忠诚度项目"补偿回头客。露露柠檬或许拥有当今零售业最忠诚的顾客，而它却没有任何忠诚度项目或"积分"项目。事实上，露露柠檬甚至没有关于客户的个人记录。它没有在任何客户关系管理（CRM）软件上花一分钱，而其他零售商则依靠 CRM 软件给最忠诚的客户发放小小的生日卡、优惠券和悬念式广告①。

露露柠檬为什么不这样做呢？因为露露柠檬的经营方式能够确保其最忠诚的顾客不需要来自电子邮件或邮政服务的自动答谢。忠实的"露露群"在当地的经销店里就能够得到易于应对的、真实鲜活的感谢。露露柠檬的工作人员都很熟悉像卡罗琳·博谢纳这样的超级"控"，对于她来说，纽波特比奇市露露柠檬经销店的经理和员工就是她身边最重要的人。同时，由于无须开展顾客忠诚度项目，露露柠檬节省了很多资源。这些资源

___

① 悬念式广告（teasers），也叫前导广告，指广告中不提及商品的名称或不过分强调宣传的产品，调动观看者的兴趣和好奇心来关注后续广告。

被用来开发产品（提高竞争力），建立附带免费瑜伽课的社区和发起当地的慈善捐赠（展示公司的温暖），当然，还包括增加利润。由于没有全国性和地方性的广告预算，露露柠檬节省了上百万美元。事实上，露露柠檬"社区关系主管"就是该公司市场营销部最高级别的领导。

露露柠檬和诚实茶（引言中有介绍）是没有经过大量广告预算投入而获利并快速成长的年轻公司的代表。它们是真正意义上的顾客关系复兴公司，展示了有益意图如何与人性的自然发展相契合。有益意图邀请我们建立相互信赖的关系，这是我们作为人类，已经准备好并愿意接受的。信赖是社会智力在效率和效度方面的表现形式。[5]信赖他人的人往往更容易取得社交方面的成功。相比之下，他们不多疑，不孤单。他们也不大可能表现出报复和怨恨的情绪。[6]在经济生活中，信赖可以成就双赢的合作。[7]

研究表明，人类本就具备信赖他人的特质，这种信赖甚至超越了我们的预期。人们一般会有这样的倾向，期待他人给我们带来好处（除非最后被证明并非如此）。[8]长久以来，这种倾向成为了帮助我们适应新的、不可预料的环境的必不可少的动力。信赖要求我们假设这个社会是仁慈的，令我们"坚信我们必须依赖的人不会给我们招致痛苦的结果"。[9]虽然信赖会令我们软弱，但它带来的机遇则远高于可能承受的风险。

因此当我们走进一家无论是店员还是店内环境都鼓励我们寻找最适合自己服装的露露柠檬店的时候（也同样鼓励我们坚持个人健身目标，甚至是追求理想人生的目标），基于这些有益意图，我们愿意相信这是一个值得信赖和拥护的地方。我们的默认导向——用我们的信赖和忠诚回报有益意图——对于类似露露柠檬这样的公司和品牌来说是一个机遇，确保了顾客对于他们的长期忠诚和赞赏。

67

忠诚——原始的依附

在某些重要方面，露露柠檬则不能被称为"购物天堂"。首先，它的退货政策十分苛刻。所购商品自购买之日起两周之内可以退货，超期不退；任何经过洗涤或剪去价签的服装不予退货。公司的首席执行官在谈及退货政策时甚至略显嚣张地说："我们不是诺德斯特龙①，我们也不是你的私人采购员。"[10]

露露柠檬也限制热门产品的供应量，催生了"露露群"们对于必备产品的鉴赏力。他们乐于按正价购买一件今天不买明天就没有了的衣服。[11]通过定期推出新的颜色和款式以及一经售空不再续货的政策，露露柠檬激发了忠诚客户定期光顾选购的积极性，因为他们担心错过新的款式。

有关"有条件"信任和"无条件"信任属性的大脑研究能够帮助我们厘清这一问题：为什么露露柠檬粉丝的行为看上去并不理智，然而却没有证据表明他们对于缺失的优惠政策和小气的退货条件表示不满。国立卫生研究院的一组研究人员通过大脑影像扫描发现，当与我们认为是以自我为中心的人打交道的时候（例如大多数的商业交易中），我们就会谨慎行事，表现出有条件的信任。有条件信任会激活大脑中一个更高级、进化度更高的区域，这一区域负责分析"期待的和已获得的奖励、回报"[12]——成本—利益分析。实质上，当我们处于有条件信任的情况中时，我们的大脑需要更卖力地运作，分析更多的数据和信息。这也就是为什么买车等其他高压消费会令很多人压力倍增的原因。

68

---

① 美国高档连锁百货店（Nordstrom's），其正价商品没有退货限期，手续简单，折扣商品退货期限为 30 天。

另外，当我们认为合作伙伴是值得信赖的（向我们展示有益意图），我们就会表现出无条件的信任，激发大脑中更原始的区域。这一位置不需要大脑进行高强度工作，它与人的"社会性依附行为"有关。[13] 基本上，无条件信任支配的行为令人感到更加愉悦，它无须费力思考，也不用计算评估。无条件信任激活的大脑区域正是被朋友和家人激活的一片区域。当"露露群"们说他们"爱"露露柠檬的时候，他们确实真心喜爱它。受到露露柠檬有益意图的感染，"露露群"们带着无条件信任走进商店，就好像身处朋友和家人之间，他们的表现也确实如此。价值 78 美元的瑜伽裤倏地飞下货架，飞到口袋里，"露露群"们甚至忽略了这是在消费购物。

然而，无条件信任要比有条件信任承担更大的责任。处于有条件信任状态下的人做好了可能遭受欺骗的准备，因此当欺骗真的发生时，他们也不会太为震惊。对于处在无条件信任状态下的人，情况则大不相同。2013年露露柠檬通告召回广受欢迎的瑜伽裤，因为有消费者投诉这款瑜伽裤的面料具有透视性。露露柠檬为此遭遇了迅速而严厉的强烈抵制。顾客们不得不来到商店做令人难堪的弯腰试验，证明瑜伽裤面料存在问题。公司高层试图阻止前来报道的媒体，却束手无策。露露柠檬产品部门主管辞职，同时瑜伽裤的短缺造成约 6000 万美元的利润损失。然而，到了 2013 年 6月时，新款瑜伽裤已经摆上货架，公司的股票价格也已经超过了召回事故前的水平。[14] 尽管如此，首席执行官克里斯汀·黛伊于当月宣布一旦董事局确认了接任人选，她将立即辞去职务。[15]   69

"露露柠檬曾以真实的防弹效果而著称，""露露控"卡罗琳·博谢纳说，"现在的面料越来越薄，针脚越来越大。如果你读一读露露柠檬网站上的评论，你就会看到大家的抱怨'哎，我的衣服开了'，'我在课上做劈腿动作的时候，整个缝线处都裂开了'，太糟糕了。"博谢纳说她在露露柠檬公司承认在面料出现问题一年多以前就发现了这个情况。她认为露露柠檬应该更好地听取顾客的意见，在质量方面做到回归。

　　这样的危机往往会给公司一个倾听顾客声音的机会，进而提高产品的质量，第 6 章将会探讨这一点。2007 年，露露柠檬公司上市，2008 年，公司另选他人作首席执行官来替代创始人。然而，露露柠檬牺牲了公司在热忱与能力方面的优质信誉，它不会是第一个为了追求更高利润而走捷径的公司。令人感到遗憾的是，基于对顾客的有益意图建立起来的露露柠檬公司为了这样毫无价值的目的挥霍了自己的名誉。

单行线

　　2012 年对于戴顿大学（University of Dayton，UD）来说是美好的一年。戴顿大学是全美十大天主教大学之一，但由于高中毕业生的缩减，它仍然面临着来自俄亥俄州和全国其他高校越来越激烈的竞争。然而 2012 年，戴顿大学在招生选拔方面（国内排名的关键因素）做出了重大改进，将录取率降至 55%，而前一年的录取率是 76%。在比 2011 年减少发放 1000 份录取通知书的情况下，学校的新生录取数仍超过录取目标 200 多人。

　　戴顿大学在整体规划方面的一个令人头疼的问题是其每况愈下的校友捐赠。毋庸置疑，低迷的经济影响了校友捐赠，但这种趋势却令人烦恼。前几年的校友捐赠呈逐年递减趋势，相应的捐赠人数也整体下滑。几乎和其他所有学校一样，戴顿大学倚重通过电话筹款同大部分校友保持联系，而这种联络方式也是导致捐款数额逐年下滑的原因。

　　戴顿大学聘请克里斯来评价学校与校友的关系。克里斯与他的团队采访了将近 4000 名校友，评估了他们对学校的热忱与能力的认可程度以及他们对学校的忠诚度。如果低迷的经济是其筹款不利的真正原因，结果将表明戴顿大学的校友忠实拥护本校，他们只是在经济困难时期无能为力罢了。

70

然而，结果并非如此。校友对戴顿大学热忱与能力的认可度是决定他们对学校忠诚度的根本因素。另外，戴顿大学在热忱、能力和忠诚度方面的等级评价可以解释过去 20 年里这 4000 名校友参与捐赠的原因，这部分可解释的捐赠接近所有捐赠的一半。事实上，最以学校为傲、最热忱和最拥护学校的毕业生占毕业总人数的 29%，而他们的捐赠则占全体捐赠额的一半以上。剩余 71% 的校友对学校的感情各异，因此捐赠额也各不相同。

最令人震惊的则是经济方面捐赠最多的校友未必就是拥有财富最多的人。一些拥有较少财富的校友却高居捐赠榜首位，并且频繁捐助。一些向其他慈善机构慷慨解囊的校友却在校友捐赠方面出力甚少甚至分文不予。

这些高居捐赠榜首的校友有哪些共同之处呢？他们是对戴顿的热忱与能力体会最深刻的校友。与其他人相比，高捐赠者更赞同类似的说法，例如"戴顿具备清晰、高效的沟通能力"，"戴顿认真倾听并且回应我的需求"，"戴顿总是按照对我最有利的方式行事"，"戴顿帮助我完成目标"以及"戴顿提供高质量的建议和协助"等。 71

克里斯的研究团队进行了大量的数据分析并提出了一个结构方程模型，记录了热忱、能力、忠诚度与校友捐赠之间的关系。分析发现，在七分制的考核中，对热忱的认可度每增长 1 个点，对戴顿大学的总体忠诚度就会增长 0.41 个点。同时，对戴顿大学的整体忠诚度每增长 1 个点，每年的捐赠额则会增加 23%，相当于每年每位校友多捐助超过 60 美元（见图 3.1）。

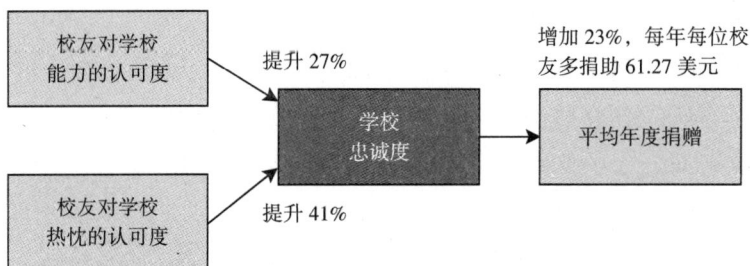

图 3.1　热忱、能力和忠诚度对戴顿大学年度捐赠额的影响

一些校友对戴顿大学的热忱与能力的评价较低。在对他们的调查中发现发了一个令人遗憾的事实，戴顿大学咄咄逼人的筹款电话不仅没有达到筹款的目的，反倒导致了更为严重的后果。筹款电话传达的是无益意图，疏离了超过半数的校友。来自这些校友的评价包括"他们只有在要钱的时候才给我打电话"，"对于这种电话索捐，我真是受够了"，"我觉得这种'慈善捐赠'的要求很无礼，令人厌恶"。

克里斯将自己的研究发现告知学校，他首先并迫切建议学校大规模缩减筹款电话。他的长期建议则是学校的筹款努力不应以筹款作为始末。任何筹款策略都应以培养与校友间更为热烈和有效的关系为出发点，这种关系才能激发出校友对学校的深层次的忠诚。通过将注意力转向满足校友对学校热忱与能力的期待，校友对戴顿大学的忠诚度才能大大加深。正如财政分析清晰表明的一样，校友忠诚度的提高将会激发出更多的自愿捐赠，越来越多的校友会寻找机会报答学校展示出的有益意图。

在学校的管理层内部，克里斯的研究被认为是戴顿大学在校友建设和学校提升方面的一次机遇，学校能够借此成为真正的改革者，就像学校在学生录取方面的成就一样。"这使得我们在核心领域成就了典范转移，"负责学校提升的戴顿大学副校长大卫·哈珀说，"旧的范式是关于筹款，现在则是关于关系管理，筹款只是它产生的结果之一。"按照热忱、能力和忠诚度的模式，戴顿大学开始评估学校与其他利益相关者的关系——学生、教师、员工，甚至包括申请人。戴顿大学主管招生与市场的副校长桑达·库马拉萨米对于这个方式非常着迷，他预测这种关系管理"将定义该产业的未来，十年之内很可能成为行业标准"。

在克里斯的成长过程中，他的母亲有时会因为一些自私和以自我为中心的行为劝诫他："知道吗？人们以你这样的人给街道命名，这样的街道叫作'单行线'！"

"单行线"思维会压垮任何以牺牲人际关系为代价，优先考虑短期利

益的组织机构。当戴顿大学的发展部门迈出通过索取捐赠来提振低迷筹款
这一步时，他们或许丝毫没有考虑到上百名校友将远离他们，不再联系。　73
校友们得到的信息清晰明确："你只想从我这儿捞到钱，而且你将永无止
境地纠缠我。"

基于有益意图，戴顿大学正在增加服务项目来对抗这种认识。新的目
标第一步是重新建立并加强与校友之间的联系，在校友们最需要的时候提
供帮助。第二步是寻求校友的帮助，但仅限于合适的时间、地点。2012~
2013 学年，戴顿大学大幅缩减了筹款请求，但校友年度捐赠额却增加了
13%，同时，校友捐赠的礼物量也有 9% 的提高。

对戴顿大学的研究中，最有意思的发现之一是忠诚度最高的捐赠者在
与学校保持联系方面的看法。绝大多数最忠诚的捐赠者都与曾经的班级同
学保持着密切联系。很大程度上，捐赠额最高的人或者与其他校友是朋
友，或者与他们是职场中的伙伴。能在日常生活中感受到与戴顿大学友好
关系的校友——即使与学校不发生直接联系——也更有可能进行捐助。

为什么会是这样呢？可能是因为与学校的社会性依附带来了愉悦感，
这种感觉激发了大脑中原始的但却更加容易产生信赖的区域（参见第 2
章）。因为同戴顿大学保持着千丝万缕的联系，所以他们不可能在收到筹
款信的时候考虑"戴顿大学最近都为我做了什么"。相反，戴顿在他们的
生活中扮演着积极的角色。这些校友捐赠的原因在于这些联系就如同来自
家庭的支持。

与露露柠檬在社区开店相似，戴顿大学的校友发展办公室首先关注的
是创建真正的社区关系。学校有益意图的实现方式是确保戴顿人学成为每　74
位校友的终身教育伙伴。该办公室将承担起与世界各地校友联系的任务，
向他们提供当地新闻、继续教育、支持帮助和信息资源。戴顿大学采取的
每一个发展校友关系的举措都在校友间有力地展示了有益意图。

如果戴顿大学的校友发展办公室能够高效地按照这些计划开展工作，

那么试想一下他们会取得什么样的成就。为校友提供一系列新的支持项目和服务会树立更加温厚的学校形象，同时提高校友们对学校能力的认可。这并非在暗示热忱是能力的另一种形式。但是当任何组织机构有意识地展开对有益意图的争取时，热忱与能力往往会对彼此提出更高的要求。通过在有益意图方面做出突破而成为行业领先，同时提升对热忱的进一步理解，它们也为提升能力和展示能力提供了新的机遇。

视线转回露露柠檬，在露露柠檬的商店里至少有两项特色鲜明的惯例也说明了这一点。首先，每个店里都有一块白板供顾客留言，这是一种简单的展示有益意图的姿态。顾客们很愿意在这里畅所欲言，这些留言都生动有趣，更平添了一种闲散、自在的家庭氛围。顾客们或许不知道的是这些白板也在公司的运营方面起到了实际作用。这些评论被收集并发回公司总部，这里进行的并不是常规的市场调研。通过这些留言板，公司高层能够与露露柠檬的顾客们保持联系，了解他们的所思所想。

露露柠檬的员工也接受训练，仔细倾听顾客的想法，甚至当顾客在试衣间试穿服装时也会在外面留心听取他们对衣服的评价。商店在试衣间的附近设计了折叠桌，顾客在试穿时服务员可随意停留并听取他们的意见。露露柠檬希望顾客们感受到自己的意见被倾听，甚至有时由于员工们非常有礼貌而无法抱怨。无意中听到的小埋怨（事后小心询问原因）能确保顾客真正感到满意。这种行为也能帮助露露柠檬提升能力。商店经理会关注服装设计方面的细节问题，并有可能将其送回总部进行修改。这种密切、认真的倾听不仅展示出有益意图，也为露露柠檬的设计团队提供了宝贵的反馈资源。

在这两个例子中，热忱将露露柠檬与顾客拉得更近，而这种亲密关系使得露露柠檬成为一个更加优秀、更有能力的零售商。热忱为能力助力，它会激发对更高水平的追求，正如戴顿大学校友发展办公室所做的那样。如果你能胜任你的工作，通过有益意图展示你的热忱将帮助你拓展新的机遇，成为更优秀的你。

共同的道德观

2006 年，克里斯在爱玛客①负责市场营销时期拜访了星巴克总部。他第一次意识到星巴克的巨大成功在很大程度上并非来自其高品质的咖啡。当时，爱玛客作为星巴克的被授权商在大学校园里经营了大约 40 家咖啡店。但是爱玛客一直苦于无法向顾客传递著名的、星巴克式的顾客体验。因此一组管理人员被派往西雅图，他们利用几天的时间去更多地了解该公司的经营理念和方法。在考察期间，克里斯获赠了一份星巴克公司的《绿围裙手册》的复印稿，这是一本员工手册，大小刚刚能放到星巴克员工围裙的口袋里。

这本手册向员工描述了星巴克的"五做到行为准则"，包括热忱、诚恳、体贴、专业、参与。针对每种行为准则，手册中都提供了具体的范例进行指导。以"热忱"为例，星巴克重视用名字招呼常客的重要性。在星巴克点咖啡时，他们会把你的名字写在纸杯上，咖啡准备好后，他们就会叫你的名字。在星巴克，人们很享受这种感觉。服务员会招呼你的名字，而不是称呼你"超大杯摩卡拿铁咖啡"。

或许最令人惊讶的是，这些"行为准则"不只是被束之高阁的培训理念，它们是践行在每一个星巴克的核心管理方法。为勉励"工作中的伙伴"，经理们也要例行同样的准则，并且在与顾客打交道时能积极主动地意识到自己的行为方式。在实地考察中，克里斯和其他小组成员了解了许

76

---

① 爱玛客（ARAMARK），国际领先的专业服务公司，为医疗机构、各类院校、运动和娱乐场所以及商务中心提供配餐服务、项目管理服务以及制服和职业装服务。

多星巴克员工和经理每天与顾客打交道，践行这些行为准则的鲜活事例。

有一个故事令人印象尤为深刻。在一间星巴克店里，每天早晨一位名叫皮特的老人都会安静地点上一杯咖啡。星巴克的咖啡师们都能叫出他的名字并和他打招呼，如果看见他离开也会说一声再见。几年的时间里，皮特一直是这家店的常客，但突然有一天他再也没有出现过。

几周后，一位年轻女士出现在咖啡店，询问是否有人认识一位叫做皮特的老人。当然，每个人都认识他。她告诉服务员，皮特是她的父亲，几周前刚刚去世。在整理父亲房间的时候，这位年轻女士偶然间发现了一个装满星巴克空纸杯的大塑料袋。很明显皮特舍不得扔掉它们。每个纸杯上都有手写的"皮特"以及一个小笑脸。年轻女士说她觉得自己必须过来感谢星巴克员工给予父亲的真诚、善良。虽然他从未向家人提及此事，而每天造访星巴克显然对他意味着很多。

77　　　星巴克的员工和经理一直在传颂这样的故事，想必是要去影响年青一代的员工，告诉他们没有人真正知道他们的工作对于顾客会产生怎样的影响。许多人去星巴克是因为星巴克一直以来坚持提供令人信赖的、高品质的咖啡。对于这些顾客而言，星巴克透过其和蔼可亲的员工和舒适的环境传递出来的热忱则是一种额外的奖励。

对于一些顾客，例如老先生皮特，星巴克的热忱或许才是它的核心竞争力所在。社会心理学告诉我们，归属感是人类的主要需求之一。[16] 对于皮特而言，这重要的归属感就存在于每天早晨对星巴克的例行造访。

再来回顾一下星巴克的五条行为准则，其中的三条——热忱、诚恳和体贴——描述的是广为接受的热忱、道德和伦理的行为模式。为此星巴克可能会承受更多的开销去雇用、管理和留住这些员工，而只有这些员工才能一直秉承这些行为规范来代表星巴克。正是这些努力在很大程度上激起了我们对星巴克的忠诚。

几千年以来，我们用共同的道德观定义宗族。那些我们真正忠诚的公司因其亲切的姿态令我们认识到它们的与众不同，它们激活了我们头脑中负责与朋友和亲人轻松相处的那片区域。当露露柠檬、星巴克或者戴顿大学等组织机构努力令我们感受到它们无私的有益意图时，我们的内心会下意识地做出回应。这种回应关乎我们内心深处根深蒂固的宗族归属感，与商业和金钱毫无关系。

行善得福，利成于益

20 世纪 90 年代初期，康涅狄格州的自行车商店店主克里斯·赞恩试图解决一个困扰全国自行车商店店主的问题：如何与沃尔玛竞争。尤其是在儿童自行车市场，沃尔玛和其他大型零售商能够以极低的价格进口到 12 英寸的儿童自行车，并且以低至 69 美元的价格上架销售。对于大多数仅销售高端、高品质自行车的零售商而言，这一价格是无法企及的。克里斯·赞恩的问题是如何将 129 美元的儿童自行车推向市场。据他所知，这些自行车更加耐用，能为孩子和父母提供更好的骑行体验。

在《重新发明轮子》[①]中赞恩讲述了在着手处理这一问题时，他是如何断定 129 美元的售价中包含了更多的价值的。在与商店经理汤姆的谈话中他注意到由于孩子长得快，自行车很快就变小了，因此父母往往倾向于选购更便宜的儿童自行车。商店经理建议赞恩自行车店可以向每一位消费者承诺：当孩子长大，自行车变小的时候，旧自行车可以全价换购大号自行车。价值 129 美元的 12 英寸自行车可以换购 329 美元的 16 英寸自行车，几年之后，这辆自行车又可以全价换购更贵的 26 英寸自行车。

---

① 《重新发明轮子》(*Reinventing the Wheel*)，作者克里斯·赞恩，英文标题原意是白费力气做重复的事。

　　"我必须承认，"赞恩写道，"当汤姆第一次向我提及这个项目的时候，我出了一身冷汗。我所能想象到的就是我们深陷在上千台一排又一排退回的自行车当中。"[17] 但是身为商店经理的汤姆提醒他的老板，这种抵价购物的方式能够催生出父母与商店之间的忠诚关系。这种质朴的有益意图的表达能够建立起与顾客之间的联系，这一联系有可能延续几十年。

　　在抵价购物政策执行几个季度之后，赞恩发现了一个有趣的情况。在已销售的儿童自行车中，仅有 20%参与了抵价购物。他最初的担心是这项政策会执行得太好。现在他担心的是这项政策并没有真正运作起来。因此他开始给顾客们打电话，提醒他们如果孩子长高了，现在就可以来换购大号自行车了。

79　　通过这些电话赞恩发现大多数父母不愿意将孩子们的自行车抵价换购。因为与沃尔玛销售的自行车相比，这些自行车的质量更好，在孩子们粗暴的操作和损害之后，这些自行车依旧展示出超高的性能。大多数父母都对自行车产生了感情，更愿意把它赠送给朋友或亲戚家更小的孩子。赞恩指出，"当从这个角度来审视该项目时，我们发现我们不仅在没有打折的情况下提升了儿童自行车的销量，而且也帮助顾客们认识到了我们自行车的质量。"

　　从利润角度看，赞恩估计每位顾客的终身价值是 12500 美元，其中净利润是 5600 美元。事关这么一大笔利润，赞恩的商店务必向顾客们提供令他们绝对满意的服务。如果顾客不满意，他将全价回收任何一台自行车，即使这辆自行车已经购买了五年（真实发生的一件案例）。他也为每一辆自行车提供终身质保服务，包括免费调校和维护日常磨损。1995 年他开始制定该项目时，国家自行车交易杂志发来信函认为他提供免费服务的行为是疯狂的。然而，他却使竞争对手疯狂，甚至使得某些商店关门停业。

　　至此，在某种意义上克里斯·赞恩成为了在全国小零售业中倡导有益意图原则的第一人。他四处演讲，倡议商店老板务必将保持顾客的忠诚关系作为重中之重。与沃尔玛或塔吉特①等企业进行价格战是毫无意义的，因此有益意图原则成为了他们的主要竞争优势。

赞恩提到了他与顾客建立信任感的一个简单例子：任何低于 1 美元的自行车配件都免费赠送。那些他曾标价 1.99 美元的自行车配件实际并不值钱，比如螺母、螺钉、滚珠轴承以及自行车传动链上小小的主连片。但是他随后意识到需要这些配件的时候也正是"顾客处于麻烦之中"的时候。 80 当一个父亲带着哭闹的孩子和一辆断了链条的自行车来到赞恩的商店时，他已经自顾不暇，根本没有办法去找零钱买主连片。从此，赞恩开始免费赠送这些零配件。

"我们这样做是想让顾客们知道我们不是来榨取他们的每一分钱的，"他在书中写道，"我们在这里省去你们的麻烦和开销，好让孩子们回到路上重新骑上自行车。"[18] 当他计算这些免费零配件的年度开支时，他发现向 450 名顾客提供的免费零配件仅花费了 86 美元——这意味着给 450 个家庭留下持久印象的机会，并向 450 个家庭展示了有益意图，而他期待与这些家庭保持终身的联系。

应得与不应得的成功

只有当我们同时感受到赞恩自行车店的热忱与能力时，它才能被定义为具备有益意图的企业。当能力欠佳的自行车店分发免费物品和提供保证满意的承诺时，更有可能催生同情和冷漠，而不是忠诚。赞恩自行车店通过各种方式传递的有益意图提振了商店的声誉，即使那些从没抵价换购儿童自行车或从未因不满意而退货的顾客也感受到了商店的诚意。一般而

---

① 塔吉特百货（Target），美国第四大零售商。

言，从这个意义上看，赞恩收获了应得的成功，这关乎人们如何评价他。有能力而缺乏热忱的公司和个人会使人心生嫉妒，不愿意与之合作。同样地，在评判他人的成功时，人们更愿意关注这是否是他们应得的成功而不仅是这是否是他们挣得的成功。因此应得的既包括感知到的能力（挣得的）也包括感知到的热忱（应得的）。

81　　研究表明，对于他人成功或失败的反应取决于他们的结果是否是应得的。[19] 如果有人凭借我们不习惯的价值体系（比如一个恶劣的房东，或者是价格虚高的便利店的老板）取得成功，我们会承认这是他挣得的成功。这些人并不会赢得我们的尊敬或忠诚，我们也不会去拥护他们。价格虚高的便利店不会赢得我们的忠诚，我们只是在不得已的时候才去买东西。

　　另外，与露露柠檬和星巴克类似，赞恩自行车店的定价也相对较高。它不需要像其他竞争者一样依靠打折促销来销售商品。因为基于顾客关系建立起来的忠诚度能够帮助他们降低支出，并提供更多可预测的利润。在赞恩的案例中，我们认为赞恩从有益意图角度出发所取得的成功是应得的，在这份应得的成功面前，对于一切认为价格过高反对购买的言论都可以不去理会。免费服务、免费零配件和终身质保折射出了我们所认同的道德观，以及令我们尊敬、钦佩的品格，这就是我们认可的应得的成功。我们愿意与具有高度热忱与能力的公司一路同行。[20]

　　许多零售商，如里昂比恩①和奥维斯②，也通过对所售产品提供终身质保获得了应得的名誉。当然，这些政策偶尔也可能被滥用：例如奥维斯曾经给一顶使用了 20 年的破口帐篷退款。但是这两家商店的管理人员都认为与他们所获得的商誉相比这些冒险是值得的。他们甚至将顾客对于商店政策的滥用作为一种证明，用来说明商店致力于认真对待每一位顾客的诉

———————

① 里昂比恩（L.L.Bean），美国户外运动品牌。
② 奥维斯（Orvis），美国运动品牌。

求，力求使每位顾客满意。

有益意图能够培养共同的道德观和文化观，乔巴尼①酸奶就是这样一个例子——即使该公司创始人的宗教观念与美国文化在表面上几乎没有共通之处。哈姆迪·乌鲁卡亚是出生在土耳其的库尔德人。2005 年他在纽约经营一家飞达奶酪②厂，是其土耳其家族企业的分支。同年他购买了一家老卡夫酸奶厂，打算创建欧洲风格的高蛋白脱乳清酸奶厂（美国人通常称之为希腊酸奶）。乌鲁卡亚热爱美国但是他讨厌市场上销售的酸奶。他与一名土耳其酸奶大师一起研制了 18 个月，最终获得了一份完美的脱乳清酸奶配方。这款酸奶在 2007 年投入生产，命名为乔巴尼，土耳其语是"牧羊人"的意思。

82

那些日子里，纽约的新柏林市民认为乌鲁卡亚很可怜，空有热忱而无能力。当地的比萨店店主甚至不忍收他的午餐费。她在接受采访时说："他和我们说了所有的事情……我们非常支持他，我知道当他们要离开的时候我会说，'天啊，如果他倒闭了，我们都会很难过。他将身无分文。'"[21]

相反，乔巴尼一飞冲天。与含有增稠剂和淀粉的美国酸奶不同，乔巴尼酸奶带着"唯有美好"的标语在四年之内销售额从 5000 万美元激增到 7 亿美元，而同期的国内经济却走势下滑。与露露柠檬一样，乔巴尼的极速成长并没有依靠大众媒体的推介。乌鲁卡亚通过社交媒体培养了一批"乔巴尼粉丝"，在脸书和推特上有成千上万的追随者。他告诉采访者："现在通信很发达，不用大量的资金做自我营销也会扬名立万，世界是平的。"[22]

重要的是，当乔巴尼终于开始做全国广告推广时，聚光灯下的是乔巴尼粉丝而不是乔巴尼自己。一个场景是一个粉丝骑行 80 英里只为参观乔巴尼工厂；另一个场景是一名弗吉尼亚的会计员将乔巴尼酸奶藏在办公室

---

① 乔巴尼（Chobani），美国酸奶生产商。
② 飞达奶酪（feta cheese），希腊著名食品，通常装在盛有油或盐水的玻璃罐中。

冰箱的角落里，以免被同事偷吃。[23] 乔巴尼的广告大多是先凸显顾客，然
83 后才提及自己的品质。在乔巴尼的公司声明中经常会看到谦卑的表述："乔
巴尼秉承这一理念：人们拥有非凡的品位，他们只需要做出非凡的选择。"[24]

　　至此，"唯有美好"从一条机智的广告用语转变为乔巴尼的经营策略。
公司承诺支持当地奶农的发展，与纽约州北部的社区① 在经济上抗衡。与
其他同样高速成长的新公司不同，乔巴尼拿出年利润的 10%做慈善。公司
的慈善部门——牧羊人的礼物基金会——向索马里饥荒救灾组织捐款 100
万美元，并且通过它的社交媒体来支持这项事业。

　　持有公司 100%的所有权，乌鲁卡亚成为了新晋的 10 亿美元富翁。他
的讲话完全符合顾客关系复兴的所有内容。在采访中，他很谨慎地将所有
成绩归功于他的员工们、乔巴尼粉丝们以及他的第二故乡。"我们四年前开
始创业的时候只有五个人，"2011 年他告诉记者，"现如今在同样的地方我
们雇用了 1000 人。不是因为我，知道吗？也不是因为酸奶。而是因为这
些人。因为一种精神。每个人都想实实在在地努力工作，完成工作。这是
美国人的工作方式。"[25] 乌鲁卡亚对美国员工的赞美以及他所分享的美国
理想成功地帮助他塑造了一个土耳其裔美国人的成功故事。这种美国式的
励志故事迎合了每一位美国听众。他传达出的有益意图能够引起共鸣并在
所有顾客中创建顾客忠诚度，无论什么样的身材、体型和种族。对于他人
意图和能力进行理解和判断的能力已经世世代代烙印在我们的基因里。因
此，任何新兴技术和创新——甚至包括互联网——都不可能从实质上改变
这种能力在我们有生之年对我们的引导。关于这一点，第 4 章将具体展示。

---

　　① 该地区农业发达，由以奶制品闻名。

4 进步的代价
面对冷漠的商家，顾客只关心折扣

2011 年，团购网① 异军突起，成为史上发展速度最快的网络公司。
2012 年，它再次受到关注，成为互联网泡沫中下跌最惨重的科技股。任何熟悉热忱与能力模式的人都能预见到团购网每日订购折扣券邮件量的崛起和下降。提供低价折扣并不能像团购网声称的那样斩获新的、忠诚的客户，就像你用钱买不到爱情一样。团购网和其效仿者与顾客忠诚度间的关系就如同单身酒吧与婚礼之间的关系一样：有时一次单身酒吧的约会，双方就有可能最终步入婚礼的殿堂；但并非经常如此。

团购网最初提供的服务是极具诱惑力的。假设你是当地咖啡店的老板，由于经济衰退，咖啡店一直不景气。每天下午，你都面对着空荡荡的桌子和无所事事的服务员。就在这时来自团购网的销售员提供了一个免费的市场营销活动。无须支付预付款，你得到了一个能带来新客户的免费促销机会；你要做的就是提供五折或更低的折扣，然后在收益方面与团购网
五五分成。商店在折扣中损失的钱，销售员解释道，都会由新吸引来的顾客在以后反复、全额的消费中补偿，甚至会带来更多的利润。虽然你不确

---

① 团购网，http://Groupon.com。

定情况是否真的如此，但在销售下滑的情况下，你不得不进行新的尝试。

俄勒冈州波特兰市花束烘焙咖啡馆的店主杰西·伯克就是抱着这样的态度尝试的。2010 年 3 月，花束咖啡馆向团购网会员提供的价值 13 美元的烘焙产品只需支付 6 美元。不到一个月，这家咖啡馆就已经无力应付挥舞着折扣券到店消费的顾客了。一些团购网会员成为了咖啡馆的常客，但大多数人只不过是匆匆过客，却逐渐破坏了花束咖啡馆忠诚度较高的老主顾们业已熟悉的消费环境。"我们碰到了许许多多糟糕的团购网会员，"杰西后来写道。这些糟糕的会员"不遵守团购网的条款，在单笔交易中累计使用折扣券，还面带怒色地和你争执，或只是在他们实际支出的基础上给小费①（零美元的 10% 就是一分钱没花，他们觉得扔下 10 美分当小费就已经很慷慨了）。"[1]

如果顾客来店消费的主要目的是捡便宜，那么他们并不具备有益意图。他们前来消费更多是出于捡到便宜的喜悦。他们当中的很多人根本不会考虑店主和店员的感受，也无所谓他们是如何看待自己的。

"团购效应"对顾客行为的影响不容小觑。莱斯大学一名研究者调查发现了一个惊人的结论，团购网促销活动是否成功的关键因素在于"是否感到满意的服务员"。研究发现，与折扣额度、折扣券销售数量和成为常客的团购网用户比例相比，服务员在促销中受到了怎样的影响能更可靠地预测盈利情况。

"因为团购网客户的目的是通过团购购买便宜商品，他们很可能不会像普通顾客一样给小费，"研究作者尤帕尔·霍拉基尔在接受采访时说，"服务员要准备好应付这一类顾客，而且数量可能会很大。"[2]

团购带来的拥堵会拉低商店已经被认可的热忱与能力。经历了前台漫

---

① 在美国，顾客给餐厅侍应生、出租车司机、酒店服务员、导游等服务人员小费，这是约定俗成的习惯，小费一般为消费金额的 10%~15%。

长的排队等待或是前面顾客与服务员关于折扣券是否过期的喋喋不休的争论之后，一位老顾客在她钟爱的咖啡馆的美好体验可能会被拉扯得烟消云散。一家美发店以打折价预约了大量的团购网会员，结果却发现它没有能力为自己最忠实的、支付能力最高的顾客安排满意、周到的预约服务。[3]

花束咖啡馆的最后一根救命稻草终于倒下了。露辛达，一位长期支持该店的老客户，向杰西·伯克抱怨店员拒绝接受的折扣券。折扣券仅仅过期一天。露辛达认为自己作为一名长期拥趸理应获得更好的服务，这次的拒绝让她不想再来光顾。因此，伯克在网上发布了一封通告，这封通告迅速在互联网上传播开来。上面写道："简而言之，亲爱的露辛达以及任何持有团购网折扣券来店消费的顾客，请您明白我们拒绝接受您手中的折扣券并非针对您本人，而是因为我们无法承担由于我糟糕的决定所导致的营业额的损失，而折扣券的截止日期是我们挽回颜面的唯一做法。"[4]

忠诚不再

毫无疑问，就短期利益而言，团购网和其模仿者对于一些商人和经营者来说曾是天赐之物。团购网早期销售的成功案例是在 2010 年以 12 美元的折扣价出售原价 25 美元的芝加哥建筑游艇之旅。团购网在 8 小时之内销售了 19822 张船票，并同游艇公司分享了 23.8 万美元的利润。对于游艇的经营者而言，如果没有团购网，11.9 万美元的资金收入则会以游艇上空余座位的形式损失掉。但是又有多少购买了 12 美元游艇之旅的乘客愿意正价购买船票而再次光临呢？团购网临时的一日游旅客（他们很可能对建筑不感兴趣）会在多大程度上影响全额购买船票的忠实游客的体验呢？

将团购网作为此类问题的例子或许有失公平，互联网的崛起给许多产业都带来了相似的问题。在线购物无所不含，甚至包括大学文凭。这导致顾客总是以价格为导向，失去了针对某一商户的忠诚，因此商家必须利用各种价格花招来赢得顾客。其中最常见的是第 2 章曾经提到过的以积分奖励为基础的"忠诚度"项目。这种项目并不能真正创建彼此忠诚的关系，仅仅是拉动了基于极低价格的反复消费。随着电子商务的出现，积分回馈项目进一步发展，早已不是几年前的模式了。那个时候，赛百味①会在会员卡上打洞记录消费次数，累计十次，将赠送一个免费三明治。现在的回馈模式则更加复杂、烦琐并且昂贵。

许多产业开始步入了 15 年前旅馆业走过的老路。首先，电子商务被作为潜在的节省开支的聚宝盆大受旅馆业欢迎。随着网上旅馆预订量逐渐攀升至 70%，电子商务转而成为严酷竞争的必备品，也是令商家最为头疼的利刃。

艾派迪②、缤程③、好定网④等在线旅游代理商（简称 OTAs）成为在线旅游的先驱，引领了旅游产业的走向。2011 年"9·11"事件后，旅游产业举步维艰。OTAs 从困难重重的旅馆老板手中接管了未售出的房间转卖给网上抄底的旅游者。电子商务使得人们关注价格、地点和基础设施之间的比较，而模糊了服务、客服和信誉差别等方面的重要性。

在接下来的几年里，旅馆老板们发现自身太过倚赖 OTAs 的预订，他们甚至不得不在客房销售方面与之竞争。虽然旅馆业研发出了自己的复杂网络来夺回在线销售量，而由 OTAs 导致的价格透明又迫使他们或者与 OTAs 进行价格战或者面临丧失忠实客户的危险。

89

数字武器的竞争最终爆发了，旅馆老板、OTAs 和其他在线旅游中间商们开始使用越来越复杂的利润管理系统和团队持续监控并调整旅店价格，

---

① 赛百味（Subway）于 1965 年在美国康涅狄格州诞生，以制作 12 英寸（30cm）和 6 英寸（15cm）的三明治而闻名。
② 艾派迪（Expedia），在线旅游公司，于 2007 年通过与艺龙的合作正式进入中国市场。
③ 缤程（Orbitz），在线旅游公司。
④ 好定网（Hotels.com），全球酒店预订网站。

试图抢占先机从顾客身上挤压几美元的额外利润。第 2 章介绍过的以积分为基础的"忠诚度"项目曾经是旅馆业为数不多的竞争优势之一，而现如今 OTAs 正在开发自己的积分奖励项目。

因此，电子商务所提供的一切便利、效率和利润大大削弱了旅馆老板和顾客之间可能存在的任何信任与忠诚。在此过程中消失的是彰显热忱与能力的相互联系和互动，以及以相互关系为基础的顾客关系。对于旅店来说，拥有好的服务员曾是一件很划算的事，因为他们兼具热忱与能力，能向顾客清晰地展示有益意图，而顾客们则会用他们的忠诚来回报所受到的良好待遇。现在点击鼠标就能获得的低价诱惑使这种旅店管理模式濒临消失。

由于电子商务的普及和受 OTAs 的影响，航空公司和汽车租赁业也出现了类似的变化。团购网试图将这一变化扩展到更大的范围。受到公众疲于追求每日优惠的打击，团购网开展了一项名为团购网奖励的刺激计划。团购网创始人曾宣布该计划将使团购网成为"本地经济的控制系统"。如果这一计划走势增强，团购网可能会将这一逐底竞争的打折模式传播到整个经济领域。

90

互联网在拉低价格的同时使产品和服务商品化，这似乎进一步证明电子商务在本质上是没有人情味的。然而，情况并非如此。我们从各种研究中发现互联网能够改变人们的社交生活，我们可以使用计算机技术轻松维持深厚的友情，而这种朋友关系的维持与面对面的交流并没有明显的不同。电话是互联网进行类比的最相似的科技产品。2004 年一篇有影响力的文章认为在最忄始的时候电话也曾遭遇质疑，认为它将破坏朋友、家人之间面对面的忠诚关系。当然，事实正好相反。电话提升了我们与所重视的人之间进行联系的能力，即使我们相隔万水千山，并且电话加强了而非削弱了本地居民之间的联系。[5]

互联网以及互联网的使用

一些公司，包括拥有令人羡慕的忠诚客户的公司，拒绝使用互联网进行会员卡和积分回馈等项目。大众超市①就是其中之一，它是美国东南地区最受欢迎的食品杂货连锁超市。"大众超市没有会员卡项目，因为在大众超市你不需要凭借会员卡来省钱，"该公司的发言人曾说道，"我们重视所有到店的顾客，而且我们希望所有人都能享受到愉悦的购物体验。"[6]

露露柠檬——另一家没有会员卡而保有高顾客忠诚度的公司，也利用互联网创建顾客关系。它将当地品牌大使的姓名和照片刊登在互联网上，

91 鼓励商店经理创建自己的脸书页面——公司给予了员工极大的自主权，这在其他大型公司中几乎闻所未闻。

如果一家公司的网站是用来与顾客进行关系互动而不是单一的商业经营，那么它就会通过传播自己的有益意图有力地展示该公司的热忱与能力。大型公司不可能用爱来回报我们，而如果它的员工能够通过公司网站、脸书、推特或其他社交媒体令我们感到公司是以个体化的人的形象存在并且能与我们进行呼应，那么即使交流是通过网络进行的，忠诚的客户关系也会基于此而生成。

一些学术研究表明我们能同时与计算机和网站进行交互，它们被称作"社会角色"。[7] 这并非异想天开，我们也没有把它们"当作"人类。但是，我们深知计算机和网站都是由人创造的。对热忱与能力的感知能够指导我们如何与不同的人、公司和品牌打交道。我们在处理与计算机和网站的交流时也应用该种模式，因为，计算机与网站代表的正是创造他们的人

---

① 大众超市（Publix Supermarkets），成立于 1930 年，是美国目前最大的商店之一。

所具备的意图和能力。当我们对计算机和网站做出回应时也充满了人情味，从我们的礼貌程度上——人类的特质——可见一斑。

北卡罗来纳大学的研究者们通过虚拟网络给学生进行线上授课。然后以在线问卷调查的形式对本节课在"精确"、"水平"、"友好"、"公平"和"热忱"等几方面的表现进行评估。研究者发现，如果学生们使用上课用的那台计算机并在教授该课的网站上回答问题，他们的评价就会更宽容。如果学生们被告知使用另一台计算机和其他网站对在线课程进行评估，他们的评价就显得没有那么宽容。也就是说，当他们与授课网站和上课使用的计算机进行交互时，表现出一种潜在的礼貌。就好像如果他们打了低 92
分，网站和计算机在情感上会受到伤害一样。

该研究认为"有证据表明人类会礼貌地对待网站，字里行间（而不是实际上）中把它们看作是社会角色"，他们还发现用来界定礼貌的概念"与人类快速评估他们所处的社会环境即热忱与能力的基础概念紧密相联"。[8]

研究表明人类与生俱来的对于热忱与能力的亲和力会让我们以更有人情味的方式与数字世界接触。然而，大多数情况下企业只是利用网络获得规模经济；这样，数字世界就变成了破坏客户忠诚关系的同谋。在这个意义上，互联网可以将中世纪的市场营销策略延伸到今天，那些将公司、品牌与顾客割裂的单向的交易模式也会因此继续。

大爱

2013 年 2 月，克里斯针对全美最大的六个零售商开展了一项顾客忠诚度调查，界定了何种表达属于我们认可的有益意图的表达方式，并发现了存在于在线购物体验中的热忱与能力（见图 4.1）。该项研究涵盖两家在线零售商（亚马逊和美捷步）和四家同时拥有在线销售网站和实体店的零售商（西尔斯百货①、沃尔玛、百思买集团②、梅西百货公司③）。研究表明，这四家大型传统实体店存在着相似的经营模式。顾客们认为每个品牌都是能力优于热忱，这与克里斯和苏珊之前的研究结果一致。与实体店相比，相应的在线销售网站呈现的能力远高于热忱。这种反应似乎是符合逻辑的。在线商店是没有人情味儿的、高效的、便利的。在实体店中总会有很多人，包括不同的面孔和对话，商店有更多的机会展示自身的人情味和有益意图。

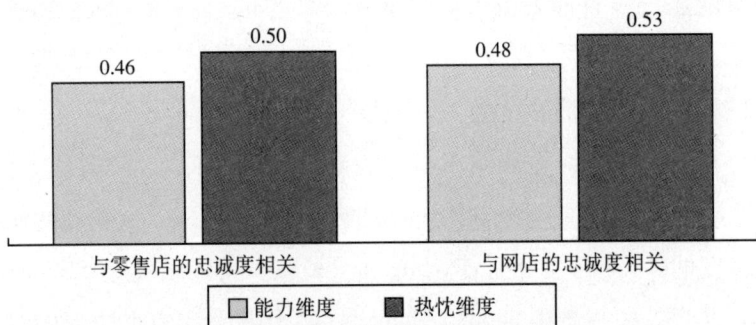

图 4.1　热忱感知和能力感知对客户忠诚度的影响

　　然而，对美捷步的调查则显示并不是所有的在线商店都缺乏热忱与人情味儿。根据顾客评价，美捷步是六家商店中唯一一家热忱略高于能力的零售商——尽管它根本就没有实体店的支撑。美捷步认为在线商店也可以通过其政策、做法和网站功能展示热忱——这是决定关系型顾客忠诚度的关键。令人惊讶的是，即使是以无人工客服而著称的亚马逊在热忱方面的得分也较高。

　　事实上，无论是实体店还是网店，顾客对于商店热忱的认知更多地取决于忠诚度，而不是商店的能力。而且，这些相同的热忱维度能够更清晰

① 西尔斯百货（Sears），一家领先的多种经营零售公司，提供商品和相关服务。
② 百思买集团（Best Buy），全球最大家用电器和电子产品的零售和分销及服务集团。
③ 梅西百货公司（Macy's），美国高档百货商店，主要经营服装、鞋帽和家庭装饰品。

地说明在线顾客的忠诚度甚至要高于实体店的顾客忠诚度。因此，我们可以清晰地认识到，无论是线上销售还是线下销售，热忱与有益意图在创建顾客忠诚度方面同等重要。

进一步分析显示，在这四家商店中，虽然许多顾客只在实体店购物，94 但却没有一位顾客只在线上购物。由此推测，通过在线商店在这四家店铺消费之前，每一位顾客都曾有在相应实体店购物的经历。这种行为模式表明，对于拥有线上和线下两种销售模式的商店而言，在线销售的成功高度依赖顾客在线下实体店生成的顾客忠诚度。

对于百思买和西尔斯，该研究发现了一个严重的问题。这两家大型零售商都计划在 2014 年关闭上百家实体店铺。如果实体店是引导顾客通向其网店的大门，那么对于百思买和西尔斯而言，关闭实体店的同时也切断了顾客了解它们的渠道。没有了对于实体店的好感，网上商店的消费也就无从谈起了。

然而，与仅在实体店购物的顾客相比，在品牌网站消费的顾客会展示出更高的品牌忠诚度。这似乎表明，实体店购物的经历在创建顾客忠诚度方面发挥了重要作用，网上购物也是基于此而发生的。只有在实体店消费过并就此衍生出高度信任与忠诚的顾客才会愿意在相应的网上商店购物。这些零售商，甚至包括以更健康的模式发展的沃尔玛和梅西百货，都面临同样的问题：它们还没找到使在线商城更有价值，而不仅是实体店的延伸的销售模式。

美捷步的优势

美捷步因其众多特点而与众不同，甚至很难相信社会认知研究还能够再找出一个这样的公司：一家罕见的线上销售商店，热忱的认知度与能力

的认知度——虽然这两项的评分都很高。美捷步的秘密——如果它还能被

95 称为秘密——在于传播有益意图的顾客忠诚小组（其他公司称为"客户服务"）。美捷步或许是在线零售商中唯一一个积极鼓励顾客打电话、发邮件或是直接与忠诚小组聊天的公司——每天 24 小时，每周 7 天，全年无休。美捷步的免费客服电话置顶于美捷步的每一个网页上——在这样一个通常尽力遮掩客服电话，竭尽全力避免接听客户电话的产业中鲜有出现。

顾客忠诚小组对顾客的任何想法都宽容有加，几乎突破了商业运作的底线。经过高度训练的顾客忠诚小组成员在传递美捷步的第一文化要义"提供令人赞叹的体验"时都表现出高度的灵活性。一位名叫拉布斯的小组成员向商业内幕讲述了一件发生在她身上的故事，"7 月 16 日我当班的时候接到了丽莎的电话，这时距离我下班还有两个小时，而我们却聊了 9 小时 37 分钟。聊了两个小时的时候，我去了一趟卫生间。卡拉·利维（另一名小组成员）帮我拿来食物和饮料。我们谈论生活、电影和喜欢的书籍。"[9] 拉布斯解释说，"有的时候人们仅仅是需要打个电话，聊聊天。我们不去评价，只是想帮助他们。"之前的最长记录是 2011 年一次长达 8 小时 47 分钟的通话，并没有记录显示这两名顾客通过这两通电话购买过任何东西。

即使在世界上最好的电话服务中心，电话一头的接线员也需要考虑自己的工作效率，在回答完顾客的疑问后迅速接通下一位客户。没有任何一个地方比电话服务中心更能淋漓尽致地体现"时间就是金钱"这一法则。在美捷步事情并非如此。当你打电话想要咨询一双鞋或一副手套时，美捷步会保证与你通话的接线员一定是保有有益意图，欣然提供帮助的。你真的会发现美捷步的员工把你的利益放在首位，全心全意地为你服务，即使这通电话会花掉他 9 个小时的时间。世界上几乎没有哪个公司能够做到这一点。很显然，传递有益意图已经成为了公司政策的一部分。

96 美捷步顾客忠诚小组成员通常会在与顾客结束了一段有意义的谈话后

寄出自己的手写便条。如果谈话中提及即将到来的生日或纪念日，那么接线员则有权给顾客邮寄一束鲜花或是菲尔斯太太曲奇饼[1]。如果美捷步出售的产品在一年之内出现破损情况，顾客忠诚小组成员则有权为顾客免费置换。

对零售业的研究发现，美捷步在与热忱相关的维度方面都得到了顾客的高度评价，比如公平、诚实地解决问题的能力。顾客认为在衡量品牌重要性方面"价值"和"最低价格"仅分别位于第八位和第十四位。美捷步的价格往往同商场的建议零售价一致。来美捷步消费的顾客往往是为了领略美好的购物体验而不是追逐最低价格。据统计，美捷步95%的销售通过在线交易完成，无须电话咨询。一旦顾客打进电话，他们就获得了与美捷步员工直接互动的大量机会。这些员工能够清晰地表达有益意图，令顾客们如沐春风，真切地感受到他们的热忱与能力。因此，美捷步每天75%的销售额来自于老客户——无须打折，也不需要大量的广告宣传或是积分奖励基础上的"忠诚度"项目。当别人真心为我们服务时，我们能够真切地感受到来自他们的温暖。

亚马逊面临的挑战

美捷步和亚马逊都是互联网上的零售业巨头，它们通过截然不同的方式在业绩增长和顾客忠诚度方面都取得了非常好的成绩。两者间的明显不同在于规模。亚马逊与其同名的河流一样，宽广、恣意、充满力量，每年销售额高达610亿美元。另外，作为一家独立运作、全资拥有的亚马逊分支企业，美捷步每年为亚马逊带来10亿美元的营业额。

---

① 菲尔斯太太曲奇饼（Mrs. Fieldscookies），美国知名曲奇品牌。

97　　　在克里斯的零售业调研中，只有33%的成年人有过在美捷步购物的经历，而98%的人曾在亚马逊消费过。与美捷步不同，亚马逊在能力方面的评分远高于热忱，而它在热忱方面的得分也相当出色。然而，顾客认为从亚马逊购物的最重要的几个维度是网站信度高、商品种类齐全、品质有保证以及价格最低。

　　　这是美捷步与亚马逊在电子商务方面最显著的差别。美捷步的定价虽高，但却能提供周到的、无与伦比的顾客体验。亚马逊主要依靠低价格俘获顾客的忠诚和激起购物欲望，同时降低了顾客与员工的直接接触。为了刺激购物和增加利润，亚马逊经常低于成本销售。这也说明了为什么2012年亚马逊的贸易额是610亿美元，但同年却亏损了3900万美元。

　　　或许，亚马逊最令人称奇的壮举是它在不提供人工服务的同时还能在热忱方面斩获高分。亚马逊具备专业的网页设计和卓越的功能，顾客因此将它的页面看作是一种"社会角色"（之前的章节提及过）。在这方面，它为我们提供了最好的范例。实际上，通过提供低廉的商品和高响应性的在线销售平台，亚马逊有效展示了它的有益意图。它帮助我们便宜、便捷地购买商品。在亚马逊网站上挑选商品，享受低价是令人愉悦的过程，顾客因此能体验到亚马逊的热忱、公司文化和来自员工的帮助。这是通过高能力展示有益意图的绝佳例子，同时也让我们见识到亚马逊的热忱，进一步催生出顾客忠诚度。

　　　然而，亚马逊遇到的挑战如同它本身一样巨大。最终，亚马逊两位数的增长速度将会减缓，公司终将要依靠提高价格来获得合理的、持续的利润。亚马逊的顾客忠诚度在很大程度上依赖低廉的价格，那么一旦价格优势消失，顾客忠诚度又会维持多久呢？

98　　　这个问题的答案可以在亚马逊与美捷步竞争的历史中觅得踪迹。2006

年，亚马逊推出全资子公司无限网①与美捷步等其他销售鞋包的电商正面竞争。尽管有母公司庞大的规模、低廉的价格和强大的市场营销手段做后盾，无限网还是惜败于对手美捷步之下。2009年，亚马逊宣布正在以12亿美元的价格购买美捷步。[10]与此同时，无限网也落下帷幕，亚马逊于2012年关停了其网站，将它的业务归于旗下。[11]与美捷步竞争失败后，亚马逊收购了这家公司。据说，美捷步仍以独立分支的状态行使其以消费者为中心的电子商务模式，这与母公司的策略截然不同。

美捷步式的电子商务模式衍生出的顾客忠诚关系不受产品定价的影响。在未来的若干年，美捷步依然会享受到这种极具竞争力的优势。美捷步的领导们也无须考虑是否要低价促销商品，因为他们有善意图的传达并不依赖产品的定价。美捷步的顾客们当然愿意享受低廉的价格。但是，他们并不会因为几美元的差价而置美捷步于不顾。

另外，亚马逊的领导则思虑重重。亚马逊成就了利用高能力催生高认可度的成功案例。但是该公司的案例最终表明在顾客关系复兴时代仅凭高能力这一优势不足以站稳市场。如果一名顾客与美捷步的销售代表相谈甚欢或是在邮件中收到她的贺卡，那么这名顾客不可能仅为了省钱而断绝这种联系，断绝这种令她十分满意的体验。亚马逊的顾客关系是建立在更快速、更便捷和更低廉的购物期待上的。如果亚马逊在为各位股东"赚取杯中羹"时丢掉了最后一项优势，它很可能会发现许多消费者保有的顾客忠诚度仅仅是源于亚马逊超低的价格。

---

① 原文为 Endless.com，无限网，译者译。

99

关系升级

2011 年埃森哲咨询公司①在关于全球消费者行为研究的报告中指出在顾客关系复兴时期电商必然会面临一些挑战。[12]顾客的权利正在与日俱增。埃森哲的报告发现"满意度的标准在不断提升"。44%的受访者认为他们对于顾客满意度的期待比前几年高。只有 8%的人降低了期待值。

根据不断上升的期待值，埃森哲咨询公司的报告揭露了两种看似矛盾的发展趋势。一方面，顾客满意度与顾客期待同时攀升；另一方面，顾客忠诚度在不断下降。顾客权利的增加带动了两种趋势的发展。

正如埃森哲公司监测到的数据，顾客满意度在 2011 年得以全方位提高。顾客反映尤其是在与商店员工打交道时更为满意，他们礼貌、友善、见多识广。与 2010 年相比，顾客对于等待时间的满意度也大大提高。然而，埃森哲的报告也表明仅有 1/4 的顾客对于商品和服务的提供者"非常忠诚"，许多人坦承毫无忠诚度可言。2/3 的人承认在 2012 年由于糟糕的服务不再光顾之前常去的店铺。似乎是公司和品牌越努力地来取悦我们，我们就变得越挑剔。

电商的回应

20 世纪 90 年代末互联网发端之时，一些人认为消费者永远不会通过网络购买商品或服务，因为他们无法确定是在和谁打交道或者他们能否收

---

① 埃森哲咨询公司（Accenture），全球最大的管理咨询、信息技术和业务流程外包的跨国公司。

到购买的产品。如今，令人感到讽刺的是形势扭转了。在如何维系顾客忠诚度方面，同样是不久前持怀疑态度的这些电子技术公司正在引导潮流。 100

通过反复尝试，大多数人了解如何判断网络电商的热忱与能力。我们经常与看不见、摸不着的电商进行交易。2013 年初，易贝①的首席执行官宣布仅凭手机客户端该公司每周就销售了 8000 台汽车。[13]十几年前谁能想到有一天我们会通过手机购买陌生人的二手车？

在过去的 150 年里不断升级的技术使商业可以跨越距离在非人际间进行，而令人欣慰的是：某些大规模的营销创新和技术革新也能够迎合不断上涨的顾客期待。当公司和品牌努力平衡电子商务的便捷、高效及由热忱与能力支撑的顾客关系时，我们作为消费者可以享受到低廉的价格、广泛的选择和个性化服务。这是双赢的局面，而这种结果在中世纪市场营销模式下是无法实现的。

社交网站——例如脸书、推特、钉图②以及我们身边不断激增的各类手机软件——使我们能够比以往更方便、更快捷地与他人建立并保持一对一的联系。虽然帖子和推特在表达内容上可能不全面，但作为消费者我们却能再次与面孔清晰、有名有姓的员工直接交流。尤其对于高度电子化、自动化和服务外包的企业而言，这项进步意义非凡。对于热忱与能力感知明显的消费者，意义再明显不过了。

2012 年简测③公司研究发现在国际品牌公司④推出的全球百佳品牌 101 中，几乎所有公司都利用推特账户进行市场营销，23%的公司利用推特账户进行售后服务，解决服务纠纷。[14]这些数据有力地证明了社交网站在创建顾客关系方面的能力。

———————————

① 易贝（eBay），一个可从让全球民众上网买卖物品的线上拍卖及购物管理网站。
② 钉图（Pinterest），美国的一个图片分享类社交网站，译者译。
③ 简测（Simply Measured），社交媒体分析公司，译者译。
④ 国际品牌公司（Interbrand），品牌咨询机构。

然而，想要通过这些账户达到顾客的期待值却充满了挑战。42%的顾客希望自己的推文在 1 个小时之内得到回复，而只有 9%的品牌认为自己的平均回复速度在 1 小时之内。耐克和美国运通①是推特上受访率最高的账户——平均每天收到高达 200 多条信息。它们也能够保持平均 3 小时左右的回复时长。

这种个性化的交流使公司和品牌通过更容易令顾客接受和回忆的方式展示自己的有益意图（让顾客借此感知它们的热忱与能力）。并且，当这些互动在社交网站上进行时，只要顾客们轻点鼠标就可以与所有的朋友和粉丝分享。

社交网站的"传染性"也说明了对这种类型的推特账户需要谨慎维护。"推特为信息迷们提供了即时的满足感，"简测报告分析指出，"因此用户们自然会期待售后服务同样迅速……一个迟到的回复会带来完全不同的结果：笑意盈盈、再次光顾或是满腹牢骚、四处抱怨。"[15]

在帮助公司和品牌建立、维护与顾客之间的各种直接联系和沟通方面，脸书和推特还有很大的潜力。通常，当公司和品牌意识到这些网站在关系管理方面的巨大能力时，它们却只称呼这些网站为"社交媒体"，就好像这只不过是张贴广告横幅和促销的一个平台。作为消费者，我们却更深刻地明白事情不止如此。

102   # 错失的机遇

在工业革命的全盛时期，制造商丧失了与终端消费者（也就是我们的祖父母们）的直接联系，这是可以理解的。那个时候无论是技术上还是空

———————————

① 美国运通（Amex），一家提供信用卡、旅行支票等业务的美国公司。

间上都无法保证彼此面对面的交流。大规模的营销广告成为制造商与大量顾客以及潜在顾客之间唯一可行的交流方式。

　　今天，在数字革命的背景下，如果仍旧试图保持与顾客之间一臂之隔的距离则太过愚蠢和懒惰。因此，大规模的营销广告仍然是事倍功半，得不偿失。它代表的是老旧、懒惰、浪费和不加选择地与所有人交流的方式。

　　然而，广告商们却不愿意与大众传媒挥手告别。克里斯曾经列席一次全国广告协会的会议，会议目的是吸纳网络和社交媒体。该协会曾经求助一家大型咨询机构帮助建立类似尼尔森①电视收视率的网络测评机构。目的是创建一个稳定的、普遍接受的机构，对广告标语和视频的投放进行定价和监测。据此，在纷繁复杂的网络广告界可以创立一个"类似电视"的秩序。

　　若不是投资较多，人们肯定会觉得这是个玩笑。互联网和社交媒体等技术终于使营销技术脱离了中世纪市场营销的大众广告模式，开展了一对一的交流互动。那些属于旧广告业并习惯于此的人却拼命地守住过往，紧抓不放。他们想要将互联网和社交媒体打造成电视的在线版本。

　　公司和品牌应该坚持追求利用技术扩大与客户之间的人际交流，而不是通过自动化减少人与人之间的互动。相应地，公司的热忱与能力才会得以展示，顾客关系因此得以创建。互联网和社交网站为公司和品牌的员工提供了与顾客直接交流的机会。这种交流方式具备高效、可扩展、可追溯的特点。

　　如果公司和品牌能够全面认识、接受我们的购买方式，知道我们如何忠实于某一品牌，那么它们就会像熟练地使用顾客关系管理体系一样更有效地利用社交网站。它们能够也应该把自己树立成人文品牌，将顾客作为真正的人来对待。

———————

　　① 尼尔森（Nielsen），全球著名市场调研公司。

　　社交网站自身也要为今天的混乱局面负一定的责任。对于公司和品牌而言，利用社交网站与顾客对话困难重重。例如，如果顾客可以直接向公司脸书主页上自己认识的、叫得上名字的服务员提问或咨询，那就再好不过了。但脸书只允许一个页面上有一个声音——管理员的声音代表某一公司或品牌。因此，我们只能和毫无面孔、庞大的机器对话——而他往往并不是该公司或品牌的一员，只不过是受聘的、阻隔我们与公司或品牌直接交流的电子营销机构。

　　只要对顾客忠诚度有一定的认识和考量，公司都会愿意与顾客交流，如果社交网站愿意为此投资，进行软件和硬件的配置就更好了。还有比把我们作为一个鲜活的人去了解更好的方式吗？与社交网站上的简历相比我们还关心什么？还有比这更合适、更方便的平台去了解顾客的反馈，调查顾客对热忱与能力的感知程度，以及顾客忠诚度的吗？

　　这些做法不仅使公司可以与顾客展开可持续的对话，并且提供了一个检测、管理和加强顾客忠诚度的绝好机遇。基于顾客在调查中的陈述，与中世纪市场营销模式中毫无生气的自动信息相比，这些直接的人际交往一定会传递更多的热忱与能力。

5 走出幕后的领导
商品背后的人传递出的信息

回到 2009 年，达美乐比萨对传统手抛比萨饼的配方进行了全面升级并
进入了最后阶段。当为新的"比萨大反击"活动拍摄广告时，达美乐的广
告代理商却没有准备任何文稿，也没有面试演员。相反，他们却请纪录
片制作团队来采访达美乐的首席执行官帕特里克·多伊尔、公司的厨师长
布兰多尼·索拉诺和一部分公司员工。面对镜头，每个人都用自己的语言
表达了同样直接、毫无戒备的诚意："很抱歉，我们之前的比萨不是非常
可口。"[1]

早在策划这起活动之前，达美乐的首席营销官拉塞尔·韦纳就认识到
虽然经过了多年的改进，比萨的质量却仍满足不了顾客日益增长的期待。
达美乐团队潜心两年对各种食材进行组合尝试，研制了全新的比萨。最终 106
证明达美乐研制了一款在大范围内优于所有竞争对手的比萨。

当韦纳考虑如何推出达美乐的全新配方比萨时，他明白让那些已经习
惯了达美乐过去毫无特色食物的顾客接受新产品是一场攻坚战。韦纳甚至
上网搜索"全新升级"几个字，结果出现了上百万个词条。"这使我意识
到，"访谈中他对克里斯说，"我们不能就这么直接喊出，'嗨，我们推出
了全新升级款的比萨！'我们不能浪费机会。"[2]

相反，达美乐的高层决定他们要通过对过去比萨的诚挚道歉来推出新款比萨，并且道歉要来自公司领导。达美乐的广告代理商说："我们让达美乐的首席执行官和其他主管人员讲述他们是如何改造比萨的。该方式展示了公司诚实的态度和透明的运作模式，这次活动大获全胜。"[3]

在纪录片拍摄完成还未正式播出时，韦纳在 2009 年美国职业橄榄球联盟季后赛上试播了这则新广告。这一刻他明白达美乐传递的信息将直击人心。测试观众给予了这则广告以任何快餐广告都未曾获得的最高评价。"这是到目前为止！到目前为止，最好的广告，"韦纳说。[4]

广告一经投放，立竿见影。"达美乐的'比萨大反击'被证明是有史以来餐饮业广告活动中最成功的范例。"2010 年第一季度，同一店面的销售额上涨了 14.3%，取得了快餐业最大的单季度涨幅。[5] 2009 年，达美乐的涨幅曾位居全行业最后，而 2010 年达美乐利润增长超过麦当劳和星巴克，成为全美快餐连锁行业涨幅最高的公司。[6]"有人问我们，'你们投入了很多钱吗？'"韦纳回忆道："信不信由你，今年我们推出了新款比萨，花的钱也比往年少。只不过我们的努力非常奏效，我们在电视上似乎得到了更多的关注。"[7]

107　　2012 年，多伊尔接受了餐饮业质量体系规范杂志的采访。他说自己之所以决定出现在达美乐的广告中是因为他明白自己的出现会让信息传递得更透彻。"如果公司的首席执行官亲自出面并承认自己以前的比萨并不十分可口时，那么你就会被他的真诚感染，"他这样说。[8]根据泽塔互动①调查，多伊尔荣获 2011 年度"十大最受瞩目首席执行官"殊荣。[9]

多伊尔和达美乐比萨确实与众不同，大多数公司从不希望自己的首席执行官被人们大肆议论。无论这种议论、报道发生在何时何地，都有可能是负面的。首席执行官们总是因为说了一些令自己后悔的言论而登上头

---

① 泽塔互动（Zeta Interactive），数字营销公司。

条，这将成为他们职业生涯中最轰动的事件，如福乐鸡①的首席运营官丹·卡蒂关于同性婚姻[10]发表的自相矛盾的评论，以及全食超市②首席执行官约翰·麦基"将奥巴马医改等同于法西斯政策"的言论。[11]通过这些事件首席执行官们令很可能成为或继续忠实于他们的顾客从此不再光顾，与此同时，公司的经营团队和员工也为此事烦扰，无法专心于更重要的事情。

正常情况下，大多数首席执行官是为了应对灾难或灾难的威胁而被迫走到聚光灯下。处于风云变幻的形势下，首席执行官们在紧张的状态下难免言辞不当，由此产生的麻烦不亚于正在处理的问题本身。无论是抱怨想要回归正常生活状态的英国石油公司首席执行官托尼·海沃德，还是毫无底气地宣称银行有"赚取利润的权力"的美国银行行长布莱恩·莫伊尼汉，这些过失通常都是高级官员需要远离公众和媒体的主要原因。不当言论会使个人和公司陷入窘境，因此主要领导远离公众视线是企业宣传的黄金定律。

社交媒体的兴起却对此产生了越来越大的威胁。"老板们亲自出镜参与公司的广告宣传，而播放此类视频的视频网站则成为了没有硝烟的战场，"一位经验丰富的广告代理商在2009年对《广告时代》③说。"在你将老板们置于摄像头或视频网站之前，一定要确保他们卓尔不群、言之切切，他们应该传递有价值的、令人喜欢的信息。否则他们将被电子版的烂番茄——网友们的口诛笔伐——淹没。"[12]在中世纪市场营销模式下这样的告诫可能是明智的。但是在智能手机横行、社交媒体泛滥的数字化时代，首席执行官们无处可藏。即使他们偶尔不得不躲避网友们的狂轰滥炸，但也不妨

108

---

① 福乐鸡（Chick-fil-A），美国第二大鸡肉快餐服务连锁店。
② 全食超市（Whole Foods），美国有机食品超市。
③《广告时代》（*Advertising Age*），该杂志介绍美国和其他国家的广告、市场和产品销售等方面的技术、策略和管理技术，报告广告业动态等。

去适应公众曝光。

想要抓住商界大佬的过失或不当言论是人的本性。尤其是当首席执行官们发表即兴讲话时，这往往给了我们千载难逢的机会，让我们瞥见这些实力雄厚的大公司、大企业的真正企图。我们把这些公司和品牌当作实实在在的人去评价，而这些评价是基于我们对公司背后的人的了解和推测而产生的——他们的热忱与能力，也就是公司和品牌的热忱与能力。

因此，当我们听说了丹·卡蒂对同性婚姻的宗教异议后，我们不禁好奇这是否也说明了福乐鸡的企业文化也同样无法容忍这一社会群体。然而，对于其他人来说这或许只是反映了该公司的"传统价值观"。约翰·麦基对联邦政府医疗改革的诟病令人们怀疑他是否对联邦政府的其他法规也有异议——工资法案、食品法案，人们借此也会怀疑全食超市是否拥有健全的管理体系。我们本能地联想到这些问题，探究权力人士的言论会对我们产生什么样的影响。[13] 我们试图从他们的言辞当中判断他们的热忱、能力、真实意图以及这一切可能会给我们的生活带来的变化。

比萨大反击

通过在全国电视节目中承认他们需要提升服务，满足顾客的期待，帕
109 特里克·多伊尔和他的团队向顾客们敞开心扉，表明心迹，令顾客们倍感惊讶。这种独树一帜、开诚布公的做法在彰显有益意图的强大魅力方面给人们留下了深刻的印象。"比萨大反击"引起了顾客对新款比萨的兴趣，它带来了快餐业历史上最大的单季度利润涨幅。广告中承认了过去的不良表现并请求公众的谅解，顾客们接受了他们的道歉，拿起电话，订购新配方比萨，上百万名顾客参与其中。

当我们在众多没有面孔的公司中偶遇到这些栩栩如生的脸庞——社会

心理学家们所谓的"具象"——感受到他们的真情实感时，我们会发现这样的吸引力如此强大。[14] 在我们与公司和品牌的大多数交往中，总是缺少具象化的人。相反，我们总是进行抽象化的交易，这种方式能够指导我们的普遍行为（购买），但往往不能产生真正的顾客忠诚。例如，在"比萨大反击"之前，几乎所有人对达美乐的理解仅限于抽象的符号或隐喻——电视广告中热气腾腾的比萨、独树一帜的红白蓝包装盒、达美乐的商标以及被人津津乐道的快递速度。

一旦达美乐的广告里包含了来自公司高层（而不是公司商标和比萨图片）的影像，他们说着坦诚的、未经包装的语言时，顾客们就可以感受到他们身上散发出来的具体的热忱与能力：他们的有益意图。与此同时，这也会激发顾客们对于公司的更明确的情感，他们用具体行动支持该品牌的可能性也随之增加，如向朋友推荐该款比萨或是与同事讨论这则广告。

这就是为什么对于人的忠诚，即使是对电视影像的忠诚，要比对公司和品牌的忠诚具体、实在的原因。当我们在达美乐的广告中看到厨师长布兰多尼·索拉诺推荐新产品时，就好像他在面对面地向我们请求，希望我们给他的最新发明一次机会，同时也是再给他一次机会。正是由于他在电视上的公开致歉，我们愿意给他一次机会，因为我们把他看作一个人，一个值得支持的人。鉴于这种具体的体验，订购比萨这一简单的行为就转变 110
为对一个好人的支持，他用自己的热忱与能力向我们展示了他的有益意图。

这种转变在很大程度上看起来是不理性的。实际上达美乐的上百万用户根本不认识帕特里克·多伊尔和布兰多尼·索拉诺。但是通过电视转播用自己的语言道出真相，表达自己希望顾客满意的期待，流露出懊恼悔恨的表情，多伊尔和他的团队激起了我们内心的一种原始情感。我们愿意相信这些诚挚的面孔和他们做出的承诺。这是我们的本性使然，而且我们也会为自己的举手之劳感到欣慰和欢喜。任何以令人瞩目的方式展示有益意图的团体或"部落"都会吸引我们的注意，值得我们去尊敬。当然，他们拳拳之心的热忱背后是擎天架海的能力。他们的新款比萨必须是美味可口的。他们在道歉广告上做出承诺，而新款比萨的不俗口感证明了他们的真情实意，随之而来的是我们不断提高的顾客忠诚度。

十几年来，商业机构对在广告中出现首席执行官的情况始终心存疑虑，虽然这种疑虑似乎稍有缓解。王牌数据①研究表明，与其他广告相比，有首席执行官出现的广告效果更显著。[15]虽然并不是所有这样的广告都很成功。王牌数据发现最成功的首席执行官广告能够"直接、清晰、令人信服地"传递信息，展示出首席执行官们"诚挚、真实"的一面（这些形容词要么说明能力，要么说明热忱）。报告表明，目前最成功的首席执行官代表人物是棒约翰比萨②的约翰·斯纳廷格和萨姆亚当斯啤酒③的吉姆·科克。每家公司都因为充分践行报告中提出的长期以"首席执行官作为形象代言人"的广告策略而闻名。

111　　这些结果不同于王牌数据发现的另一种更为普遍的广告策略：名人代言。王牌数据 2011 年的报告显示在不考虑年龄和性别的情况下，几乎所有人口统计数据都表明普通人参演的广告完胜名人广告。[16]即使几乎所有名人广告都收效甚微，但每年花在名人代言上的广告费和赞助费却高达几十亿美元。

王牌数据发现，在这一规律中唯一的例外是奥普拉·温弗瑞④。经检测，与其他保险业广告相比，由温弗瑞代言的广告效果"非同凡响"。然而，报告注意到在这些广告中，温弗瑞并没有被塑造成产品推销员。相反，这些广告都有高尚的主题，包括关注公共安全等社会问题，如开车发短信的危险。因此，虽然温弗瑞因其高超的广告影响力在众多名人中脱颖

---

① 王牌数据（Ace Metrix），检测视频广告效度的科技公司，译者译。
② 棒约翰比萨（Papa John's），美国比萨店，在全球 38 个国家有连锁店。
③ 萨姆亚当斯啤酒（Sam Adams Beer），波士顿啤酒公司，译者译。
④ 美国著名女脱口秀主持人。

而出，但这种影响力则可能是因为她并没有向她的几百万粉丝兜售任何产品。她只不过是借这些广告向粉丝们传递有益意图，关注他们的人身安全。[17]

在持续的顾客关系复兴期间很难为名人代言找到合适的位置。因为名人几乎无法呈现他/她所代言的公司和品牌的热忱与能力。确切地说，他们缺乏广告信息中必备的真实性。另外，我们将会看到更多"达美乐式的做法①"（帕特里克·多伊尔的广告一经问世，就成为了公共道歉类做法的统称）。我们渴望了解公司和品牌背后的人，这种渴求前所未有。灵智整合行销传播集团②调查发现大多数美国人希望公司"与他们直接对话，保持信息完全公开透明"。同时公众明白大多数领导者缺乏兑现这种目标的能力。不到20%的被调查者认为与以前相比，他们对商界领袖的钦佩有所增加——钦佩是由热忱与能力激发出来的高级的、宝贵的情感体验。[18]

因此，人们越来越希望领导们能够真诚、透明、平易近人。约翰·斯 112
纳廷格和吉姆·科克都不具备魅力非凡、灵活多变的电视型人格特质。但是他们却成为了值得信赖、鼓舞人心的首席执行官代言人。这是因为他们能够传递出为顾客的最大利益服务的真诚与热忱，并且带领自己的团队坚持兑现这一承诺。事实上，如果他们口齿伶俐、处世圆滑，反倒让人觉得他们不够真诚或不值得信赖。比起电视广告上的妙语连珠，他们在日常生活中呈现的深度服务更令人心旷神怡。作为各自公司和品牌的"形象"代言人，他们代表了公司的信誉、热忱和能力，给顾客们吃了一颗定心丸。

公司越来越非人格化的特质让我们缺乏安全感。技术革新使我们在非人工情况下进行商业往来变得更加轻松。电子商务正在取代零售业快步发展，而自助服务款台的兴起成为了传统零售业发展的最大潮流之一。在这

---

① 原文是"Doing a Domino's"。
② 灵智整合行销传播集团（Euro RSCG），全球第五大广告公司。

样的环境下，我们必然会对商标、广告和自动服务背后的公司与品牌保持谨慎、小心翼翼，不敢轻易托付我们的忠诚。对顾客忠诚度的渴求也从未如此强烈。为了赢得顾客的青睐，像多伊尔、斯纳廷格和科克一样的首席执行官们向我们具体、生动地展示出了他们的热忱与能力。

变革型领导

仅从以代言人身份出现的首席执行官的受欢迎程度来判断一个公司或品牌似乎不可理喻，毫无道理可言。但通过品牌背后的人对品牌进行判断是我们的本能，从这个角度出发，没有一个人能比首席执行官更能充分地代表该组织。毋庸置疑，一些领导角色会对我们产生深刻的影响。我们愿意相信领导身上的任何特点，这些在他/她的团队身上都会体现。如果在顾客关系复兴期间领导们更频繁地出现在聚光灯下，相应地，我们对领导概念的理解也要做出改变。

1990 年，伯纳德·米·巴斯在其著名的领导研究中从"英雄、领导原型和领袖气质"角度对领导进行解读。[19] 巴斯认为公司领导可分为两种类型。第一种是交易型领导，领导与员工之间的交流是基于理性的、经济的选择。在大型的、官僚式的公司当中经常会出现这样的处世原则，即"如果它没坏，就不用去修理"。这就是汤姆·彼得斯眼中著名的"恐龙①"。

第二种是变革型领导，这种领导能带领员工们超越他们的个人利益，为公司利益深谋远虑。巴斯总结：变革型领导更有创造性，他们催人奋进的领袖气质鼓舞员工为公司利益添砖加瓦。在变革型领导的带领下，底层员工倾向于模仿上一级领导的个人特质，因此公司业绩往往优于其他类型

---

① "恐龙"企业，沿袭旧规，经营方式过时，可能破产或"灭绝"的公司。

的公司。这就是为什么巴斯会引用拿破仑的观点，认为狮子带领的一群兔子能打败由兔子领导的一群狮子。[20]巴斯还认为变革型领导在动荡的市场中至关重要。另外，虽然巴斯认为交易型领导是治愈中庸的良剂，但他也发现在不受市场干扰的、所谓的"稳定组织"内部，总有中庸的一席之地。然而十几年后，很难发现任何不受市场动荡影响的企业。交易型领导，在汤姆·彼得斯的"恐龙"中脱颖而出、高度发展，似乎最终也会走上所有"恐龙"的不归路。

我们都需要变革型领导的激励。在历经多年试图将领导们从公众视线 114
中隐去的努力后，公司的管理团队必须要立即学好这一课并铭记于心。今天，许多企业的老总仍然缺乏变革的能力，他们只顾闷头赚钱，而没有经营与顾客之间长期、忠诚的关系。这种领导对顾客没有热忱，缺乏有益意图。他们的交易型风格终将使公司在崭新、透明、变革的世纪里寸步难行。在瞬息万变的市场中，公司和品牌必须兢兢业业，确保处于重要位置的高层们有能力传递有益意图，惠及所有顾客。

从幕后走出来

如果曾经有哪一家公司需要变革，那就是 2009 年时的达美乐。比萨外送业的常胜将军发现自己处于一个尴尬的、不同以往的位置。虽然在服务和快递速度上超过所有的竞争对手，然而在味道和品质上却名落孙山。[21]

然而，在 2010 年成功启动"比萨大反击"后，达美乐诠释了直接呈现的热忱与能力是如何迅速扭转公众对一家成熟的、价值几十亿美元企业的认识的。在获得年度全美快餐食品连锁店成长最快的荣誉后，随之而来的是一个不可避免的问题，这种神奇的魔力会持续多久呢？

"每个人都认为我们会在 2011 年偃旗息鼓，"拉塞尔·韦纳回忆道，

"但我们却增长了 3.5%。"[22] 这是因为在这场活动中,达美乐更加公开透明。更多的面孔从幕后走入台前。"鸡肉主厨"泰特·迪洛在一部纪录片式的商业广告中参演出镜。当泰特面前摆上新的投票箱时,他看到了纸箱侧面自己的名字,摄像机捕捉到了他震惊的表情。在箱子上还有为顾客准备的简单的问题:"我们做得好吗?",接下来是三个选项:"不好"、"勉强可以"、"我们做到了"。镜头前,首席执行官多伊尔对着迪洛的鸡肉配方说:"我认为好极了,但除非我们的顾客也这样认为,它才是真正的好极了。"[23]

用韦纳的话说,新款比萨运动的成功使达美乐的高层相信,"只有当你犯错误时你才需要这样做"。公司启动这种毫无保留、完全透明的策略在喧嚣、杂乱的广告中披荆斩棘,独树一帜。随后这种方法被纳入了公司指导性的发展战略中。在达美乐的任何事项中,公司都想方设法地将顾客融入其中,开诚布公地处理问题,就此培养了顾客忠诚度。

达美乐的在线订单跟踪可以让顾客们在线知晓比萨预定的情况:在炉中烤制,已经装箱还是在路上。订单的反馈功能可以添加你对比萨的看法,因此所有人都可以看到达美乐的经营情况。达美乐曾在时代广场的电子屏幕上实时滚动播放顾客的反馈情况 [24](韦纳说,这些评论有 85% 是积极的 [25])。

达美乐也放弃了在饭店广告中随意使用的欺骗顾客的广告行为:"食物美容"。这是对快餐业中使用的摄像技术的俗称。与实物相比,照片中的快餐令人垂涎三尺。

"我们放弃食物美容,"韦纳解释说。[26] 现在,无论你何时看到达美乐的比萨图片,它都与粉丝手机中拍摄的照片几乎一样。达美乐邀请顾客们将他们拍摄的达美乐的食物照片公开上传到公司在脸书的主页上。[27] 大部分照片都是小朋友手里拿着一块比萨的快乐镜头。在一幅照片中,一位顾客身系绳索悬吊在悬崖边,而另一只手里拿着敞开的达美乐的食物盒。[28] 一位乔治亚州的女士拍摄了自己硕大的孕肚和比萨的照片。她用记号笔在上面写道："我要一份达美乐的比萨！"上面还画了一个小气泡，就好像是肚子里的小宝宝在说话一样。[29]

有一天，"我们收到了一幅非常糟糕的比萨的照片，"韦纳说，"是因 116 为运送的过程出了问题，我们没有遮遮掩掩，而是收录到了全美播放的电视广告里。"照片中比萨黏黏的奶酪和馅料与达美乐食物盒粘在了一起。在广告里，一脸愁容的帕特里克·多伊尔指着这幅照片说："这样的情况我们无法接受。明尼苏达的布莱斯，你本不应该收到这样的达美乐比萨。这不是我们的真实水平，我们可以做得更好。"他承认看到这样的照片"很令人烦恼"，并承诺，"我们不会再运送这样的比萨。我保证……我们会继续学习，不断改进。"[30]

这份不光彩的比萨是由明尼苏达的加盟店出售的。加盟商现在意识到公司的首席执行官正在亲自监管快餐店的运营情况。"它所带来的，是成就一个更好的公司，"韦纳这样评价达美乐的公开、透明策略，"不仅是因为顾客们会感到我们在为他们服务，而是因为，当我们将糟糕的图片播放的时候，猜猜会怎样？我们的员工会在制作和运输的途中加倍小心……基本上，会有 3 亿神秘买家为我而来。"[31]

还记得本章早些时候提到的关于"电子版的烂番茄"的警告吗？将那些投掷过来的番茄交给比萨外卖公司处理吧，他们会做出更多的番茄酱。

来自内心的忠诚

坚持传递这种有益意图最终会改变公司对顾客的影响力。研究者描述了我们所经历的三种类型的影响，这些影响构成了我们在态度上的三种改变。[32]最基本的影响驱动力是依从性。为了获得预期的结果我们会遵守某一要求（我们为了避免惩罚而纳税）。接下来是两种高级形式的影响，帮

助我们形成精神上的纽带和忠诚：认同感（我们纳税是因为所有的美国人
117　都这样做），以及内化（我们纳税，因为这样做是正确的）。

2010 年以前，顾客们受到影响去购买达美乐的比萨，基本上主要是出
于依从性。价格公道，并且顾客们能享受到送上门的热腾腾的食物。在通
过认同感和内化的影响来激发顾客忠诚度方面，达美乐却乏善可陈。

但是达美乐团队公开道歉并承诺改进，这首先展示的是他们对于顾客
的忠诚。这就好像帕特里克·多伊尔在用他的勇敢行为鼓舞我们（认同
感），并且分享他在尊敬、诚实和正直方面的个人价值观（内化）。达美乐
通过广告和在线活动与顾客建立的联系为顾客们搭建了一个全新的价值命
题。顾客们不再只是购买价格便宜、送货上门、足以果腹的比萨，很可能
他们实际上是想要支持并回馈这位首席执行官和他的公司——假设他们的
食物确实更加可口，当然事实也是如此。

这种大反击以及其他类似的成功故事的魔力在于我们如何与一家公司
建立更深层次的纽带关系，在一次交易中完成依从性的全部三个模块。你
可能因为饥饿以及考虑到达美乐比萨公道的价格而出于依从性点单。与此
同时，你也能享受到某种认同感，因为你在首席执行官务实的有益意图中
看到了自己的身影。某些情感或许已经在你的心中内化，因为你在支持自
己钦佩的公司时感到愉悦。名人代言的创意广告永远无法激励出这种忠
诚度。

榜样的力量

前几章讨论的是生动的面孔如何成为"公司的第一张名片"；这张面
118　孔如何成为强有力的媒介，瞬间传递身份、品质、意图和能力等所有人格
特征。我们被这样的公司和品牌所吸引，他们的领导清晰可见。我们会把

他与他的公司联系起来，认为它们具备同样的品质。我们的内心渴望做出这样的联系。

奥普拉·温弗瑞、史蒂夫·乔布斯①、山姆·沃尔顿② 以及理查德·布兰森③ 只是众多催人奋进的首席执行官中的几位。在他们的感召下，我们认同并内化他们的价值观。购买他们的产品已经不再是简单的经济上的往来。想想奥普拉电视网、苹果、沃尔玛或者是维珍的疯狂粉丝们，对于他们来说，这些领袖的面孔已经成为公司形象代言人，他们就是公司的"化身"。[33]

2011 年百事集团开展全球范围的"百事焕新"项目，投放 2000 万美元资助社会公益项目。百事集团首席执行官卢英德为此接受采访，出现在美国有线电视新闻网和美国全国广播公司财经频道等媒体上。镜头前的她令人欢欣鼓舞，增加就业岗位和提供健康饮食都是她关注的焦点，她还谈到自己如何平衡事业和家庭。"她没有说每股的收益，也没有提及增长率，"蒂姆·科斯特回忆说。科斯特时任卢英德全球企业事务部的副部长，现在是杰克森维尔大学校长，"她在传递令人倍感温暖的信息。"[34]

卢英德还曾在西南偏南论坛④ 上讲话，她也是为数不多的进行过 TED⑤ 演讲的首席执行官。"此次 TED 演讲与百事公司毫无关系，"科斯特解释说，"它的主旨是如何理解'百事焕新'以及如何将这一概念引入教育领域。怎样才能借助我们熟知的最优秀、最聪慧的人来帮助我们提升教育水平？对我来说，她能向顾客们展示无与伦比的热忱，人们见到她，就会喜欢

---

① 史蒂夫·乔布斯（Steve Jobs），苹果公司创始人。

② 山姆·沃尔顿（Sam Walton），沃尔玛创始人。

③ 维珍集团创办人（Richard Branson），维珍集团旗下包括维珍航空、维珍火车、维珍手机、维珍可乐、维珍能源等。

④ 西南偏南论坛（South by South west conference），美国年度电影、媒体互动和音乐盛典。

⑤ TED（指 technology，entertainment，design 在英语中的缩写，即技术、娱乐、设计）是美国的一家私有非营利性机构，该机构以它组织的 TED 大会著称，这个会议的宗旨是"用思想的力量来改变世界"。

她，相信她，并且信赖她。"[35]

对团体动力①的研究表明当我们都拥有同一小组内部的共同价值观
119 时——假设在我们这个团体内所有人都是热忱并有能力的——那么带领我
们的这个人则成为了代表热忱与能力的最佳典范，在该情况中热忱与能力
的概念已被广为接受。[36][37]我们不愿意接受小组中普通人的领导；这样的
人不能鼓舞人心；优于一些人，又被一些人超过。相反，我们期待小组中
的领导能集大成于一身。这就是为什么当我们提及这样的人时会说：他体
现了小组的价值观，他是这个公司的公众形象。我们追随的领袖应该淋漓
尽致地诠释公司的理想、内心和灵魂。

坦率的、具有高辨识度的公司领导很容易催生顾客对公司和品牌的忠
诚，顾客们也乐于如此。他们的形象代表了公司的诚意，令人放心。然
而，只有诚意还是不够的。他们必须把诚意落实到行动上并昭告天下，这
样我们才会在感知诚意的基础上具体了解他们的真正实力。接下来，他们
还需要用我们所理解和欣赏的方式告诉我们所有的一切。

告诉我们你的故事

第 1 章提到的好时巧克力可以说是最受美国人欢迎和喜爱的品牌之
一。然而，研究发现，大多数美国人对好时大量的慈善活动都知之甚少。
苏珊和克里斯对此进行了调查，试图发现这些信息会对好时的品牌忠诚度
带来哪些影响。[38]

我们向调查对象讲述了好时的创业史和持续了几代的慈善事业。调查

---

① 团体动力（group dynamics），该词是由 K.Lewin 在 20 世纪 30 年代最早提出的概念，主要
目的在于说明团体成员在团体内的一切互动历程与行为现象。

对象在听到这些轶事之前就非常喜欢该品牌，但是通过故事他们清楚地了解了好时品牌背后的有益意图，而此时的购买欲望和品牌忠诚度显著提升。　120

故事让我们对身边的地点、人物和事件的感知生动起来。故事能晓之以理、动之以情，这就是为什么故事比普通的信息更能深入人心的道理。这是因为在大脑中，讲故事的方式与我们对人的感知方式重叠，因此故事是人类开展交流、传授知识、启迪心灵的最有力的工具之一。[39]大多数富含热忱与能力并令人钦佩的公司和品牌都有着令人动容的关于热忱与能力的故事。

每个品牌故事中的人——比如帕尼罗面包公司的经理，诚实茶的创始人，达美乐的首席执行官——都在通过自己的所作所为定义自己。在面对巨大的压力时他们没有轻言放弃，而是在艰难抉择后锲而不舍，坚持自己的主张。正是这样的品质——重压之下敢于放手一搏——使得这些美丽的故事具体形象，隽永流长。

在传递领导者身份、品质和他/她所领导的公司的热忱与能力方面，没有什么比真实的故事和人生经历更能打动顾客。了解公司和品牌领导的背景帮助我们洞察他们的目的、意图，了解他们的选择和决定将对我们产生的影响。

弱者的故事总是最受欢迎的，这就是为什么非常多的新贵品牌喜欢宣讲它们出身卑微的迷人创业史。为了刺激顾客和赢得媒体的青睐，一些公司，尤其是易贝，甚至营造了关于公司起源的"创世神话"。从诚信和透明的角度来看，这种糟糕的做法很可能弄巧成拙。易贝在宣传中提到公司创始人发明了在线拍卖软件，帮助女朋友卖掉了收集的佩兹糖果盒——这　121
实际上是公共关系专家杜撰出来的。[40]为此易贝公司饱受恶评，颜面大损。但是这种欺骗也值得一提，至少它证明了人们会不惜一切代价将自己塑造成弱者的形象。

弱者的故事之所以吸引人有着深刻的心理根源。弱者的魅力在于我们相信他们需要我们的帮助。我们感觉可以相信他们，相信他们能够做得更好，因为他们为了改变，极其渴望我们的支持与忠诚。领导们面临窘境，无计可施，而后选择了通过热忱与能力来改变局面，这种场面我们目睹了多少次？由于糟糕的顾客服务质量，斯普林特①公司损失了十几亿美元。随后丹·赫西②发现优质的顾客服务水平能带来巨大的财富。当美捷步面临资金链短缺时，谢家华③采取了以顾客服务为中心的经营策略。达美乐忍受了几年的零增长和低顾客满意度后从零开始研发全新配方，酝酿了一场由卑微致歉开始的广告运动。帕特里克·多伊尔告诉记者曾经有加盟商问他，如果"比萨大反击"活动失败了怎么办，"我只能笑着说，'我的继任者将会度过一段艰难的岁月。'我们没有第二套方案，也不可能有。从好的方面说，当你面临类似的情况时，你往往会因此关注到更多的方面。"[41]

安飞士租车④的口号是："我们是第二名，因此我们要更努力。"当我们想当然地以为第二名与第一名同样具有竞争力时，这句话的确令我们茅塞顿开。弱者总是要去证明些什么，因此，我们放心于弱者的忠诚，认为弱者在困难时期不会将我们抛弃。唯一的警告是并不是所有的弱者都一样。例如，研究发现，如果观众对两支正在比赛的队伍都没有特别的喜好的话，他们往往会支持由赔率制定者预测出来的本场比赛的失利方——也就是所谓的弱者。[42]

122   然而，并非所有预估的失利方都是弱者。研究表明我们只对那些拥有资源较少、来自小地方的、不被看好的队伍有同情心。我们不会把一支预计失利但享受较高的薪酬的队伍看作弱者。毕竟，支持那些收入过高却表现平平的运动员又有什么乐趣可言呢？拥有获胜的资源却不能有效利用资

---

① 斯普林特（Sprint），美国通信公司，主要提供长途通信、本地业务和通信业务，在提供先进数据方面首屈一指。
② 斯普林特首席执行官。
③ 美捷步创始人，美国华裔。
④ 安飞士租车（Avis），国际跨国汽车租赁公司。

源来取得胜利，这种无能和令人讨厌的队伍更可能成为我们鄙视的对象。

这一研究与公司和品牌有什么关系呢？实际上许多品牌需要警惕，避免成为规模宏大、腰缠万贯但让人望而却步的企业。大量所谓的弱者品牌并非真正的弱者，例如拥有大财团鼎力支持的美捷步和诚实茶，它们仍然保持自己弱者的特点。

还有一些公司竭力隐瞒自己的母公司，大谈特谈自己的弱者理想。例如本和杰瑞（Ben & Jerry）冰淇淋已于 2000 年被英荷集团公司联合利华收购。[43] 在本和杰瑞朴素的、充满卡通形象的"年表"主页上，2000 年唯一的重要事件是在"慈善冰淇淋"上免费赠送 38 万勺冰淇淋。[44] 该公司的年表理所当然地以"卑微的起点"这一模块开始，讲述了 1978 年本和杰瑞如何通过宾州州立大学 5 美元的冰淇淋制作函授课程起步的故事。[45] 本和杰瑞将 5 美元的投资转变成来自联合利华 3.26 亿美元投资[46] 的故事令人肃然起敬。但这个故事如果出现在他们的主页上，对于培养顾客忠诚度并没有多大的帮助。本和杰瑞的巨额财富更可能引起顾客的嫉妒而不是热忱、能力和钦佩。

戴维与歌利亚之战①

123

　　极少有哪位名人首席执行官的励志故事比维珍集团主席、亿万富翁理查德·布兰森爵士的更加精彩。2013 年，他荣登大不列颠富人榜第四位。1950 年布兰森出生于英国萨里一个中产阶级家庭，儿童时期他一直在与阅读障碍症抗争。他甚至因为没能完成作业而遭到住宿学校老师的殴打。最后他在年仅 16 岁时辍学。

_____

　　① 圣经故事，牧羊人戴维以投石机和小石子战胜残忍的巨人歌利亚，寓意以小博大。

尽管布兰森一直在与阅读和数学抗争（直到今天他仍然无法阅读电子数据表），但他却是一位顽强的销售员，并且在 1966 年 16 岁的时候成功创刊《伦敦青少年文化杂志》。1972 年，他投资成立邮售音乐带公司、唱片店和唱片公司，这些公司和商店都以维珍命名。布兰森又继续签约滚石等乐队和明星，带领维珍音乐公司从一无所有发展成为全球第六大唱片公司。离开唱片业后，布兰森陆续成立了十几家以维珍冠名的公司，其中最著名的是维珍航空。

1978 年布兰森第一次进军航空市场完全是小打小闹的弱者的故事，虽然布兰森当时已经腰缠万贯。布兰森和他的妻子当时正在加勒比海的比夫岛度假，突然发现他们原订到波多黎各的飞机取消了。与十几名被困乘客一起站在航站大楼里，布兰森开始给飞机出租公司打电话，最终以 2000 美元的价格租到一架飞机。他在航站楼的黑板上写下了几个大字："维珍航空：每人 39 美元飞往波多黎各"。接下来他开始在人群中收取费用直到飞机满载。六年后，他与合作伙伴创立了伦敦与纽约之间的维珍大西洋航空公司。

124　　　维珍集团是一个独特的经济实体，一家风险资本投资公司，旗下所有投资公司使用同一个品牌名。这些公司包括维珍移动、维珍葡萄酒、维珍节日、维珍假日、维珍铁路等。作为附属公司，每家公司均独立运营，但它们凭借鲜明的运作体系一于维珍旗下，在这一体系下进入并瓦解某一产业。布兰森曾说过："我们在寻找'大恶狼'，很明显，他们索价过高并且言过其实。"[47] 布兰森，童年时期的弱者，今天的亿万富翁，代表了众多卑微起步的新贵企业。在冷漠、笨拙的歌利亚面前他扮演了热忱、能干的戴维，并且乐此不疲。或许是因为他艰难的童年生活，也是因为他懂得人们发自内心的对弱小的、充满渴求的生命的热爱。"很明显，戴维的形象对于维珍没有什么坏处，"他曾说过，"如果我们变成了歌利亚，那么另外一个戴维就会挺身而出，向我们发起挑战。"[48]

布兰森最喜欢的用于提振维珍品牌的方法之一是参加一些挑战死亡、创造纪录的惊人表演。他曾创下了乘坐小汽艇以最快速度横渡大西洋的世界纪录。他和一位朋友坐在狭小的压力仓中，成为驾驶热气球穿越大西洋和太平洋的第一人。他甚至驾驶水陆两栖车横跨英吉利海峡，打破最快速度纪录，所有这些铤而走险的尝试为维珍品牌赢得了名誉并创造了一个折射维珍使命的故事。每一次，布兰森和他的伙伴们都置身于强大的自然力量面前，英勇地征服常人无法想象甚至不敢去想象的极度挑战。

或多或少，布兰森就是在这样的原则上建立起了维珍帝国。他通过高度曝光的惊人之举营造话题，而每一次宣布他弱者逆袭、进军新产业的动态时，他总能沿袭那些最受欢迎的故事，击败颜面扫地的歌利亚式企业，戴维最终赢得了我们的忠诚。而且布兰森总是自己讲述这些故事，因为长期以来他一直是全世界最受媒体喜欢、曝光率最高的首席执行官。英国广播公司的制片人曾经告诉他99%的英国首席执行官都会拒绝出现在电视荧屏上，布兰森回应道："从竞争的角度看，他们越是这样想，对我们越有利。"

人们渴望听到像布兰森这样的故事家们讲述的关于英雄、恶棍和其他情感净化方面的故事。在故事中我们的热忱与能力得到了有益的锤炼，体验到了日常生活中难得一见的各种冒险经历和情感遭遇。这些故事为我们提供了谈资，让我们找到身份认同，帮助我们从日常生活的束缚中逃离。

2007年2月，一个周六的傍晚，在偏远的英格兰坎布里亚郡，一辆搭乘120名旅客的维珍列车在高速行驶中出轨并撞死了一位80岁的老妇。在此之前，维珍航空和维珍铁路安全搭载了5亿人次。在天空新闻①的转播中，布兰森浑身战栗地检查公司的第一次事故现场。[49]出现在镜头中的布兰森刚从假期中返回，他说："今天是非常悲痛的一天，我们失去了一

125

---

① 天空新闻（Sky News），成立于1989年，是英国第一个24小时新闻频道。

条生命，并且给其他人造成了伤害。"[50]

布兰森对于前来驰援的警察、军队和急救人员给予了高度评价。火车工程师在该起事故中受伤严重，布兰森对他在紧急关头降低速度而减少更大撞击的英雄行为赞不绝口。他甚至赞扬了火车机身的设计，认为它的防滚架设计也许起到了挽救更多生命的作用。接下来布兰森来到医院慰问受伤人员。虽然稍后调查显示火车出轨的原因在于负责该路段维护的公司疏于维护，但是该公司的首席执行官当天是否出现在事故现场就无从知晓了。[51]

126   理查德·布兰森愿意花时间站在幕前讲述自己如何将顾客的利益放在第一位的故事。在面对今天这样的危机关头时，那些和他一样的领导人能够唤起公众对他们的信任，这些信任来自于多年的公共经营。迟早有一天，几乎所有机构的领导者们都将被推到聚光灯下，因为即使是管理完善的公司或品牌也会不可避免地出现问题。当这一切发生时，通过领导人话语和行动传递的公司的热忱与能力，就会成为顾客们和更广大的公众评判该组织意图和能力的依据。如果在此之前，该公司的首席执行官一直隐藏在幕后，我们会很自然地怀疑他/她的意图——第 6 章将详细阐释这一点。

6 展露你的本色
为什么失误与绝望是获得顾客忠诚度的良机

2009 年 8 月 28 日，45 岁的加利福尼亚州高速公路巡警马克·塞勒将自 **127**
己的 2006 款雷克萨斯汽车送到圣地亚哥的丰田经销商处维修，包括 CD 播
放器、驻车制动器和灯光控制器。当天经销商将一台型号为 ES350 的 2009
款雷克萨斯租给了塞勒。塞勒搭载妻子、妻弟和十几岁的女儿开车上路。[1]

当塞勒驾驶租借的雷克萨斯行驶到圣地亚哥郊区的 125 号公路时，突
然发现汽车油门卡住了。无论塞勒如何用力踩踏刹车，汽车都一路加速前
进，最后达到约 112~150 英里/小时① （后来计算得出）。[2] 塞勒惊慌失措的
妻弟拨打 911 报警说雷克萨斯刹车失灵，已经失控。在随后向公众公开的
录音带里，可以听见塞勒在电话背景音当中的声音，他告诉大家"坚持
住"和"上帝保佑"。[3] 在行驶到乔治路和 125 号高速路路口时，雷克萨 **128**
斯撞上了一辆 SUV，在至少翻滚两圈后倒翻在干涸的河床上，随后爆炸。
车上人员无一幸免。

有证据表明，在雷克萨斯 272 马力的发动机上节流阀处于完全打开状
态，由于塞勒拼命刹车制动，汽车刹车片表面已经融化。调查同时发现在

---

① 约合 180~240 千米/小时。

司机位置安装的全天候地垫比标准的雷克萨斯地垫略大。这个略大的地垫的一角卡住了油门踏板，导致油门踏板无法恢复原位。[4]

2009 年，在全美销售的所有汽车中，丰田保有最高的顾客忠诚度。[5]《消费者报告》① 推出的 2009 年度汽车十项排名中，丰田汽车在五个方面名列第一。[6] 针对圣地亚哥的这起事故，丰田公司做出了史上最大规模的召回，但仍有评论指出丰田公司在应对此类事故时总是拖拖拉拉。据《洛杉矶时报》报道，从 2002 年起丰田汽车至少涉及 1000 起爆冲事件，比其他汽车制造商发生此类事故的总和还要多。[7] 该报发现在美国过去的八年里至少有 56 起交通事故致死事件是由失控的丰田汽车造成的。[8]"丰田公司在圣地亚哥事故之前就知晓汽车有问题，"一位来自环球透视② 的产业分析师告诉《洛杉矶时报》。"正是这场灾难敦促他们最终决定做出改变。"[9]

公众对丰田的不信任导致了政府对它的不信任。2010 年 2 月，国家公129 路交通安全管理局（简称 NHTSA）的调查员③ 要求丰田公司出具所有工程报告、内部沟通文件和与该问题相关的消费者投诉。"对于 NHTSA 来说这是前所未有的，"一则报告引用了 20 世纪 90 年代 NHTSA 官员理查多·马丁内斯的话，"我是管理员的时候，丰田公司表现尚可，但是他们现在处理事故的方式却不尽如人意。它已经不是当初那个令人信任的丰田了。"[10]

丰田公司的内部文件显示其著名的以顾客为中心的公司文化已经发生了改变。国会调查员在丰田的演示文稿中发现管理人员曾宣布通过推脱机制——同 NHTSA 就"良好的召回结果"进行协商——为公司节省了几百万美元。[11] 此外，文件显示了 2007 年对爆冲进行调查时，丰田公司如何通过协商对地垫进行有限召回并节省了 1 亿美元的事实，涉及了凯美瑞和

---

① 《消费者报告》（*Consumer Reports*），由美国非营利性消费者组织协会从 1936 年开始出版发行的杂志，针对汽车、电脑、生活用品和各种品牌做出无偏见的调查。
② 环球透视（IHS Global），美国经济预测机构。
③ 国家公路交通安全管理局，全称 The National Highway Transportation and Safety Administration。

雷克萨斯两款车型的 5.5 万辆车。对此次召回的认同帮助丰田公司避免了政府的进一步审查，[12]这些拖延方案和解决机制被定义为"丰田安全性能的胜利"。[13]丰田公司最终因为拖延召回和没能在法律规定的时间内及时发现问题遭到了 NHTSA 高达 7000 万美元的罚款。[14]此前 NHTSA 对汽车制造商开出的最大罚单是 100 万美元。[15]

召回事件和负面宣传不可避免地影响了丰田公司的底线。圣地亚哥事故发生时，丰田汽车在美国的销售量位居第二，占据 17%的市场份额。2011 年的前 10 个月，该数据仅为 12.6%。[16]丰田公司美国分部社长登上荧屏，在《今日秀》①中讨论安全召回问题。随后在 2010 年 1 月进行的公众民意调查显示丰田公司的信誉遭到了重创。回顾《今日秀》上丰田管理层接受采访的视频片段后，56%的受访者认为自己不可能再去购买丰田汽车。在观看视频之前，只有 37% 的人认为自己不太可能购买丰田汽车。[17]

2009 年丰田公司日本总部的领导层发生了变更，这也为丰田公司坦然面对问题提供了机会。丰田公司创始人的孙子兼新丰田公司董事长丰田章男，在美国众议院关于监督和政府改革的会议召开之前，于 2010 年 2 月 24 日从日本飞到美国。通过翻译，丰田对由其汽车问题导致的伤亡事件表示道歉，并说这是"来自我内心深处的悼念"。他着重提出对塞勒一家的哀悼："我愿再次为他们祈祷。我将尽我所能确保这样的悲剧绝不再发生。"

丰田承认该公司在过去几年的巨大进展很可能是以牺牲消费者的利益换取的。"坦白地说，"他说，"我担心我们成长的步伐太快了。传统上，丰田公司发展的优先次序是：第一，安全；第二，质量；第三，规模。这些优先顺序开始变得混乱，而我们却没有办法像以前一样停下来思考或是做出改进，而我们倾听顾客声音、制造更好产品的基本姿态却有所削弱。"

他接下来宣布了丰田公司在未来处理安全问题和召回时将会做出的改

①《今日秀》(Today)，美国国家广播公司的电视节目。

变。丰田指出之前是由日本国内的工程部门判定"是否有技术问题以及是否需要召回"。今后，他说更高级别的管理层"将从顾客安全第一的角度做出负责任的决定"。

"然而，"他对议员们说，"今天的事件反映出，我们缺乏的是对顾客的关心，不能站在顾客的角度考虑问题。"[18]

131

谁是第一位的？

产品召回和其他诸如此类的尴尬事件为公司提供了宝贵的真实瞬间。①如果公司产品遭到公众质疑，聚光灯就会转向公司领导，希望他们表态并回答这个问题：谁是第一位的，人还是利益？

2010年9月，克里斯和他的科研伙伴尼克·科尔文为《华尔街日报》就公众对产品召回的看法做了一个全美范围的代表性调查。结果显示，93%的公众相信召回"为公司和品牌提供了一个展露本色的机会，告诉公众他们更关心的是顾客还是自己的利益"。每一家出现了严重公共形象问题的公司都有自己的选择。或者是像我们希望和期待的一样展示自己的有益意图，或者是推诿责任，采取一种更狭隘、更急功近利的利己主义的观点——通常情况都是如此。

从热忱和能力这个角度看，在一场危机当中公司高层选择的应对方式往往与顾客的期待不匹配。卷入丑闻、灾难和产品召回事件中的公司通常摆出一副能力十足的骄傲面孔，好像在安慰我们它们有能力控制局面。然而在那个时刻我们最需要的是公司传递的热忱。如果我们感受不到公司的

---

① 真实瞬间（Moments of Truth）是指在特定时间和地点，服务供应者抓住机会向顾客展示其服务质量。

有益意图，我们对热忱的需要得不到满足，那么我们自然会认为公司领导强调自身能力首先是为了保护公司的利益，随后才是顾客利益。

历史上最有名的真实瞬间或许要数强生公司在 1982 年所遭遇的危机。当时七名芝加哥地区的用户因吞服含有氰化物的加强型泰诺胶囊①而死亡。1982 年 9 月 30 日，强生公司在知道中毒事件的第二天早上，立即取消了所有泰诺广告并紧急召回所有批次的泰诺胶囊，损失约合 1 亿美元。虽然很快发现公司在中毒事件上没有责任，然而一些广告和市场专家认为泰诺品牌会因此遭受重创，无力恢复。相反，强生公司发起了一场宣传活动，公司高层出现在全国性的电视节目中安慰观众并告知受污染的胶囊是由一名精神病患导致的。1983 年初，重返货架的泰诺被装在三层密封的药瓶里，这是强生公司为避免挥之不去的担忧而自主设计的包装。不到一年的时间里，泰诺的市场占有率几乎恢复到事故之前的水平。[19]

可以肯定的是，当一家公司面临产品召回的窘境时，公司领导自然要担心公众会严厉地质疑他们的能力。在之前的《华尔街日报》调查中，受访的美国成年人中有相当大的一部分（43%）同意这种说法："现在的技术完全可以避免由产品缺陷和安全问题导致的产品召回，因此发出召回的公司一定是能力不足的。"出于对这种判断的担忧，许多公司都尝试着去平息问题，即使以后这些被掩盖的问题仍会卷土重来冲垮它们。

这种思维模式恰恰忽略了一点：如果公司在面对问题时能够坦诚相见，诚挚道歉，作为顾客的我们往往能表现得宽宏大量，不计前嫌。超过90%的受访者认为"尽管现代科技高度发达，各类公司的诚意令人钦佩，然而即使是经营最好的公司和品牌也会犯错误，导致产品召回"。虽然身处严重失误的窘境中，但公众对你能力的判断可能会取决于你之前传递的热忱——在具备良好意图的前提下，判定你是否为过失致错。

---

① 泰诺（Tylenol），强生制药有限公司生产的一种非处方类感冒药。

133　　2010 年 7 月，克里斯、苏珊和尼克·科尔文对 1000 名美国成年公民开展了一项关于热忱与能力的研究调查。结果发现，与其他被研究的品牌相比，当时深陷深水地平线①灾难中的英国石油公司更遭人鄙视（热忱与能力的得分都很低）。从受到公众普遍质疑方面看，英国石油公司只与卷入 2008 年金融危机的银行在排名上接近。

　　丰田公司在汽车召回事件中招致的负面影响与英国石油公司和金融危机中的银行不相上下，而在 2010 年 7 月的排名却远高于它们。然而受访者仍然认为丰田公司在热忱与能力方面远低于平均水平，导致公司声望受到重创，被竞争对手本田公司和福特公司大幅度超过。丰田公司的地位受到打击——虽然程度上不及英国石油公司、高盛投资公司和花旗银行。

　　泰诺在热忱与能力方面的排名遥遥领先。与丰田公司、金融危机中的银行和英国石油公司一样，泰诺在调查期间也遭受了几个月的负面报道。泰诺的制造商麦克尼尔消费保健品公司及其母公司强生公司在被美国食品和药物管理局调查人员发现其不规则的生产流程后，主动召回儿童药品。免费的顾客咨询热线很快就被挤爆。[20]《广告时代》在头条位置大声发问："强生的烦恼是什么？为什么它的名誉没有受损？"[21]《华尔街日报》调查了众多问题缠身的品牌，强生公司的表现与众不同。长期以来，强生公司不仅及时处置问题，还总能为确保顾客的安全做得更多。

　　关于热忱与能力多维度研究的综合评级如图 6.1 所示。

---

　　① 2010 年 4 月 20 日英国石油公司所属墨西哥湾钻井平台"深水地平线"的爆炸引发了数十年来最广为人知的一次石油泄漏事故。

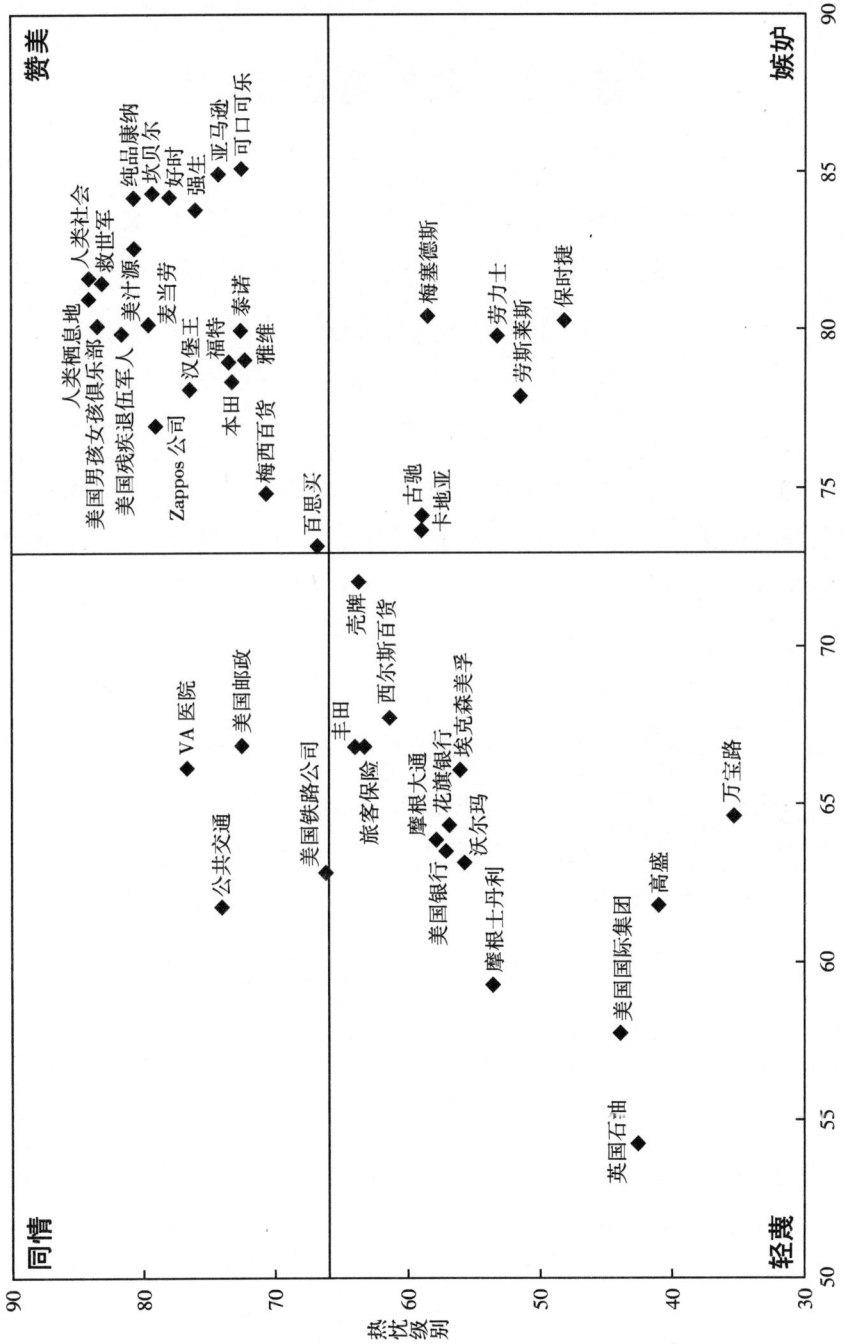

图 6.1 关于热忱与能力多维度研究的综合评级 [22]

当"顾客至上"转变为公司至上

在至少七年的时间里，丰田公司以能力为基础——谁的责任——来评
估爆冲事件。在几乎所有的案例中，丰田公司的调查员都没能发现机械方
面的缺陷，因此认为每次的爆冲事故都是"司机的过失"。

这种具体问题具体分析的思路为什么不能服务于消费者的最高利益，
NHTSA 对此表示深切关注。NHTSA 解释道："我们力图证实丰田公司对潜
在缺陷的处理方法过于狭隘……没能全面考虑爆冲导致的更大范围的问
题，以及与此相关的其他需要召回的安全隐患。"在繁复的公文下面隐藏
的是一个简单的问题：如果司机的过失能造成丰田用户的死伤，那么该公
司为什么不帮助顾客避免此类危险的过失？

这又是一个说明更多的热忱和关怀能帮助企业提升能力的案例。
NHTSA 事故调查员发现如果马克·塞勒知道如何关停引擎——按住电源开
关三秒钟，他就有可能挽救失控的雷克萨斯车上每个人的性命。虽然用户
手册上有这条信息，可并没有印刷在电源开关上或者出现在附近。如果丰
田的工程师能从一个面对节流阀卡住，惊慌失措的司机的角度考虑问题，
他们可能就会在仪表盘电源开关附近贴上提示："紧急制动请按压。"

几年前还发现了另外一种应对油门踏板卡住的措施。自 2003 年起，许
多汽车制造商在刹车系统上加装了"刹车优先"功能。当油门踏板和刹车
踏板被抑制时，刹车将优先发挥作用，切断引擎的油路。这个功能非常简
单，只要在汽车的软件上稍作改动即可。圣地亚哥事故后，丰田公司同意
在新车上装配刹车优先系统，但问题是，几年前第一起爆冲事件引起丰田
官员注意时，他们为什么不这么做。有益意图能激励更优良的设计。热忱
则会提升能力。

135

136

丰田公司甚至本应该留心德国汽车制造商奥迪之前在汽车上加装的设置。1986 年，奥迪公司正忙于为自己辩护来应付顾客对爆冲事件的抱怨。司机们声称豪华版奥迪 5000 车型上的自动变速箱会在急停后失控。到 1986 年底，奥迪收到了 417 份此类报告，其中包括 4 起死亡和 228 起受伤事故。当时的分析预测，自 1969 年通用汽车公司被迫停产饱受翻车困扰的科威尔牌汽车后，这个问题会给汽车品牌形象带来最严重的伤害。[23]

与本田公司的工程师类似，最初奥迪公司调查员认为问题来自于奥迪的客户。他们发现，一些司机在挂挡时踩下油门导致汽车突然加速。因此奥迪公司尝试告知司机在挂挡之前应踩住刹车。愤怒的司机们感觉受到了侮辱并认为奥迪毫无诚意，通过归咎于受害者来推卸责任。为此，他们组织成立奥迪受害者网并且开始为召回进行游说。[24]

直到那时，奥迪的工程师们才受启发提供了一种简单的解决办法。一个换挡锁止机制被安装在成百上千台召回的车辆上，防止变速箱在没有踏下制动踏板的情况下启动。抱怨停止了，奥迪车的销量和品牌形象也得以恢复。2006 年，汽车产业在将换挡锁止功能（被称作 BTSI①，或者"Betsy"）作为所有汽车标配方面达成一致。因为小孩在无人看管情况下玩换挡杆可能会将汽车发动，BTSI 能起到防止意外发生的作用。

截至 2010 年 2 月，丰田公司所有的花销，从损失的销量和召回维修的成本方面看，据估计高达 20 亿美元。[25] 2010 年 12 月，丰田公司同意另外支付 11 亿美元为所有现存的丰田汽车加装刹车优先功能并赔偿丰田用户因汽车贬值所造成的损失，因而解决了一场大规模的集体诉讼。该项目适用于在 2009 年 9 月 1 日（马克·塞勒和他的家人在圣地亚哥车祸遇难三天后）至 2010 年 12 月 31 日之间出售二手丰田车的车主。[26] 丰田公司还为马克·塞勒以及车上乘客的家属补偿 1000 万美元。然而，还有许多爆冲事

137

---

① BTSI，制动变速器换挡互锁。

件的法律诉讼没有解决，辩护律师认为这些赔偿总额将远远高于 10 亿美元，丰田公司将为此支付将近 50 亿美元。

如果在收到最初有关爆冲问题的报告时，丰田公司能够像保护本公司利益一样不遗余力地积极思考如何保护顾客，那么将很可能会挽救几十条人命，挽回几十亿美元的损失。对于任何一个由于丰田汽车油门被卡而发生车祸或受伤的人来说，丰田公司关注点的优先顺序已经很明显了。圣地亚哥的悲剧换来的是他们决策上的改变，促使丰田公司董事长来到华盛顿特区，再次重申那些曾经令丰田公司声名鹊起的价值观。

可以原谅的错误

《圣经》上的谚语告诉我们："骄傲在必坏以先，狂心在跌倒之前。"[27] 关于人性，社会科学也讲述了相似的故事，并告诉我们为什么比起卑微承认错误的人，那些高傲地宣称自己有擎天架海能力的人不会轻易得到原谅。当强生和丰田这样的公司坦白承认自己的过失时，我们发自内心地愿意谅解并遗忘。相比之下，深陷深海地平线漏油事件的英国石油公司和被卷入 2008 年金融危机的高盛投资分析公司及美国银行的总裁们，在危机发生后忙于洗清自己，竭力辩白，他们的不良意图给我们留下了难以磨灭的印象。

138　　来自凯斯西储大学的朱莉·尤奥拉·伊斯林带领她的研究团队发现，我们尤其不愿意去谅解那些以自以为是和孤芳自赏的方式对待我们的人。[28] 在一系列的试验中，研究者发现与严重冒犯、让步妥协和关系型承诺等其他因素相比，孤芳自赏和高人一等的态度可传递出更高级别的"不可原谅性"。自恋等元素中包含的是以自我为中心的特点，它反映的是缺乏热忱和对他人关怀的不足，这在所有违规逾矩的行为中是最严重、最不可原谅的。

另外，一旦我们在诚信、透明的模式下体会到有益意图，我们往往会忽视能力方面的不足，用忠诚来回报企业展示的有益意图。一项著名的研究分析了病人与主治医生之间的谈话录音。研究表明，一些医生与病人谈话时间较长并且会时不时地发出笑声；另一些医生则语言简短，与病人的谈话更像是商务往来。与前者相比，后者更容易因为治疗不当遭到起诉。研究者写道："与医生之间的友好关系令病人感到舒服，他们觉得医生把自己当作一个人而不是一种疾病来看待。与医生之间保持一种情感上的连接对于类似医患关系等的长期关系非常重要。"[29] 其他此类研究表明，虽然治疗不当与医术水平相关，然而缺乏温度和关爱则被认为是遭到起诉的高预测指标。[30]

一些心理学实验表明，能力上的失误甚至会令那些冰冷的却具有高水平的人显得更加温暖、平易近人。一个经典研究表明，对于大多数人而言，如果一个曾经取得过辉煌的成就，具备高超水平的人一不小心碰洒了咖啡，他就会显得更讨人喜欢。[31] 回到 1969 年，得克萨斯大学做了一组实验并录制了一系列录像带。视频中，一名西装革履的大学生正在应聘学生监察员——校园里最重要的学生职务。这次面试被录制成两盘"高水平"录像带。在每盘录像中，接受面试的学生都手拿一杯咖啡谨慎地介绍个人学术成果和课外活动表现：他的平均分为 3.8 分，曾参加大学游泳队和学生自治会，并担任法律预科学生会主席，在高中和大学期间获得过不少的荣誉。两盘录像带唯一的区别在于，在一次面试中应聘者顺利地完成了应聘全过程；在另一盘录像中，在面试结束时那名高水平的应聘者笨拙地将咖啡洒了一身。

另外一组被命名为"低水平"录像带。同一个学生来应聘学生监察员的职位，但是简历却乏善可陈：他的平均分为 1.9 分，在学生自治会和法律预科协会的面试中均失利。在这两盘"低水平"录像带中，一盘没有失

139

误；而另一盘中的应聘者将咖啡洒了一身。

100 多名学生观看了这些录像带，并被告知正在参与一项评估面试技巧的实验。他们要从八个方面对视频中的应聘者打分，包括他们对应聘者的喜欢程度，他们愿意与应聘者相处的时长，他们与应聘者共同工作的意愿程度。

观看高水平应聘者的视频后，大多数学生对碰洒咖啡应聘者的喜欢程度远远高于没有失误的应聘者。然而，对于低水平应聘者而言，咖啡是否被打翻并没有起到任何影响。无论咖啡是否被打翻，大多数学生对他的喜欢程度都不高。研究者得出这样的结论：对于大多数自尊心水平平均的人而言，"犯了错的优秀个体看起来更可亲，更像普通人，因此也更吸引人。普通人可能会觉得'打翻咖啡'的优秀人才更平易近人。"[32]

因为我们对公司和品牌的反应与对人的反应一致，那么理所当然，那些在判断上失误的高水平公司和品牌也能被看成更具"人性"和更平易近人。正如人们说的那样，成功不在于你是否跌倒，而在于你是如何站起来的。从这个角度说，公司的每次失误或者每次公共丑闻都意味着一次提升名望的机遇，公司可以趁机从热忱与能力方面提高它在顾客心中的地位。但只有公司随时准备用有益意图应对真实瞬间，才能够抓住这样的机遇。

迷路的苹果

2012 年 9 月，一家高水平公司苹果在其手机上推出了招致厄运的手机地图软件。新的导航助手发布一周后，苹果公司首席执行官蒂姆·库克发表声明，承认距实现制作世界一流水平产品的承诺仍存在"不足"。"对于该产品带给顾客的失望和不便我们深表遗憾，"他写道，"我们正在尽我们所能改善苹果地图。"[33]

苹果的手机地图软件在一开始就错误百出。在苹果手机地图上存在地理特征标注错误，本地搜索时给出几千英里以外的地址以及不能正确标识方向等问题。几位司机在用该软件导航澳大利亚小镇米尔杜拉时，被错误地导向偏离该地区 40 多英里远的沙漠无人区，几乎丧命。对 55000 名推特用户进行关于苹果手机地图随机调查时发现，22%的人憎恨该软件，另有 30%的人嗤之以鼻。

最糟糕的是苹果地图取代了原本运行正常的其他软件。苹果手机发布之初谷歌地图就是它的系统默认导航助手。而现在，手机用户升级软件时却发现，他们长期以来信任的谷歌地图已被苹果自产的蹩脚货取代。手机产业网站 BGR.com 预测，在苹果与谷歌持续竞争中，一个合理的结果是苹果可能取代谷歌。但是，"无论如何，用户们都付出了代价。无论是不是核战争，都不应该去惩罚使用者"。[34]

曾有证据表明库克将公司的战略发展置于顾客需求的前面，但他本人从未明确承认过。相反，他在道歉中，做了任何一位苹果首席执行官都未曾做过的事情。他承认，其他公司可能表现得更出色。"在我们改进苹果手机地图的同时，"他写道，"苹果用户或许想要尝试使用我们的竞争对手微软、地图查询、谷歌和诺基亚的软件和网站。"

那么它奏效吗？并非如此。从为顾客的最高利益考虑看，虽然快速道歉和推荐替代品是在朝这个方向迈进，然而关于发生了什么和为什么会这样却没能给出完整、透明的解释。真正的悔过包括全面披露真相和还公众以知情权。库克没能说清楚公司推出苹果地图的意图或者是哪方面出现了问题。他也没做出尽一切可能立即修补漏洞的承诺，或者是在随后的软件升级中撤出苹果地图软件。在随后的几周里事实被揭露出来，苹果公司早在地图软件投放之前就已知晓它的问题。一家科技媒体网站科技资讯网（CNET.com）报道，软件开发员在 6 月时曾收到苹果地图的预测演示版，他们试图警告苹果这款软件还不适于发布。"他们将信息发布在只有其他开

141

发员和苹果能看到的平台，"科技资讯网报道。

142 不到一年的时间里，库克开除了两名为此次惨败负责的苹果公司高级行政人员，并在全国电视节目上说："是的，我们搞砸了。我们正在集结全公司的力量修正这个错误。"[35] 或许这是真的，但有一件事很肯定：苹果错失良机，没能告诉它的客户和全世界它更看重顾客需求和安全，而不是与谷歌的竞争。不幸的是，他们只做对了一半，而这不足以展示有益意图。再次获得这种级别的机遇或许还要很长时间。

存储善意

通常，像苹果、丰田和强生等声望极高的公司都会发现，长期以来良好的热忱与能力记录能帮助它们在犯下严重错误的时候渡过难关。之前曾提到克里斯关于泰诺修复与顾客关系的研究（以及关于其母公司强生的研究），结果表明在过去几年，泰诺和强生修建了一座大型的"善意存储池"。因此，生产过程中的一系列失误都没能撼动公众对该品牌或公司的信任。

2010 年 1~7 月，两亿多瓶被怀疑有问题的药物，包括泰诺、美林①、罗雷兹②、苯海拉明③、仙特明④和圣约瑟夫阿司匹林等，在一系列单独调查中分八次被召回。援引美国食品及药物管理局的说法，召回的原因包括包装物散发神秘的、发霉的味道，不卫生的生产环境以及有线索表明在装运生产原材料的桶外部发现大量细菌。[36]

---

① 美林（Motrin IB），止痛药。
② 罗雷兹（Rolaids），胃药。
③ 苯海拉明（Benedryl），适用于皮肤黏膜的过敏性疾病。
④ 仙特明（Zyrtec），过敏症治疗药物。

2010 年 4 月，强生子公司麦克尼尔这些非处方药的生产厂家，决定无限期关停宾夕法尼亚州的生产设备，此前美国食品及药物管理局针对该工厂的质量控制和卫生条件发出过严厉的批评报告。此次关停导致许多被召回的药物在长达一年多的时间里几乎全部下架。所有泰诺的广告和促销也全部暂停。

面对这些情况，88%的美国成年人相信麦克尼尔能够诚实并负责任地处理产品召回。他们在很大程度上相信泰诺暂停广告和促销是正确的选择，而且认为麦克尼尔对该事件的诚实、负责的处理是值得赞赏的。

克里斯对召回事件所反映的热忱与能力进行了研究，结果表明泰诺对之前召回行动的处理，加上多年的临床应用在用户心中存储了大量的善意，这两点培育了毫不动摇的顾客忠诚度和对该品牌的购买意愿。从热忱与能力的角度看，使用泰诺的顾客认为他们与这个品牌以及品牌背后的人建立了关系。对于这种非常熟悉的去痛产品，经过几年的满意使用后，顾客们不会在刚一发现问题时就放弃该产品，那样做是违背人性的。在我们的研究中有证据表明，2010 年的产品质量问题虽然令人不安，但泰诺的用户把它看作能力上的短期失误，而不是反映不良意图的信号或者是对忠实顾客缺乏热忱。

泰诺的生产制造水平遭到怀疑并由此带来了负面的审查，这对于强生来说绝不是什么值得宣传的事情。然而，他们应对危机的方式与丰田公司大相径庭。除了早期的拖延，公司最终召回了所有产品并关闭了北美地区唯一的生产工厂，以此平息风暴。华尔街分析师估计仅 2010 年一年，麦克尼尔的损失就高达 6 亿美元。结果是，泰诺品牌保住了一些更具价值的东西——顾客毫不动摇的忠诚度和对该品牌的购买意愿。此次事件加上之前的召回处理或许在某种程度上要归功于强生公司在 1943 年写下的公司信条，内容如下：

143

144

我们相信我们首先要对医生、护士和病人，对父母亲以及所有使用我们的产品和接受我们服务的人负责。为了满足他们的需求，我们所做的一切都必须是高质量的……最后，我们要对全体股东负责。企业经营必须获得可靠的利润。我们必须尝试新的构想。必须坚持研究工作，开发革新项目，承担错误并加以改正。必须购置新设备，提供新设施，推出新产品。必须设立储备金，以备不时之需。如果我们依照这些原则进行经营，股东们就会获得合理的回报。[37]

正是这种管理哲学带领泰诺走过了 20 世纪 80 年代的产品篡改危机，帮助它在顾客心中存储了善意和信任，并为它在 2010 年更严重的忠诚度损耗中赢得了缓冲。讽刺的是，强生公司的其他子公司似乎正在疯狂地消耗这些善意，极其恶劣地处理产品缺陷和召回问题。以强生医疗器材子公司帝普辛迪思为例，2008~2010 年，该公司在知情的情况下向顾客销售问题髋关节植入物，遭到近千份病人诉讼。丰田公司在真实瞬间做出的与此相似的糟糕决定，使它在销售和名誉方面遭受了极大损失。如果一开始就做出正确的决定，结果则会截然不同。

大量证据表明，在热忱与能力方面的信誉会让我们围绕在这些公司和品牌周围，当他们疏忽犯错时，我们会一如既往地信赖它们，原谅它们。为获得顾客的原谅，我们信赖的这些公司和品牌需要将挫折当成挑战。在 145 真实瞬间里，公司寻求加强与顾客之间的关系，为实现顾客目前的最高利益甚至会短暂地牺牲自身利益。正是公司对顾客的忠诚促使我们以自己的忠诚方式回馈公司。

一线希望

学过"人际宽恕"心理学的研究者认为，宽恕意味着针对冒犯者的动机发生了改变。在宽恕行为中，我们减弱了报复或疏离的动机。相反，我们是受到了安抚和善意的激发而做出了改变。一项有影响力的社会心理学实验表明，当我们能站在冒犯者的角度考虑并且感同身受的时候，我们往往会变得宽容。[38]

亲密关系从三个潜在方面使人们对曾经伤害过自己的人产生移情心理。首先，当你的伙伴因犯错而感到内疚或难过时，出于担心你会体会到他们的心理。其次，当你的伙伴由于关系紧张而感到孤独和疏离时，出于关心你会体会到他们的心理。最后，也是最直接的一点，移情心理完全可以激发内心修复积极联系的愿望。[39]

达美乐的首席执行官帕特里克·多伊尔，在全国电视节目中说，有一段时间他的比萨并不是非常好，他们现在正致力于改进。达美乐由于糟糕的比萨感到内疚，同时因为顾客的流失而感到孤独。是否有人会为此担心则令人怀疑。但这也不是遥不可及的。多伊尔谦卑的道歉激起人们对他和他的公司的同情。去品尝新款比萨也就富含了一层新的感情内涵：再给他一次机会，我们也会因此开心。

我们认为犯错的公司是有人情味的，只要它们能够展示良好的意图。如果十个成年人中有九个人承认，他们对负责任地处理产品召回的公司怀有更高的忠诚度，这就说明公众的宽容程度远高于公司领导们的想象。

似乎有迹象表明，只要我们能够呈现出传递热忱与能力的有益意图，那么我们在某一关系内经历的任何问题，无论大小，都可能成为帮助我们增强这种关系的机遇。与从未疏忽、出问题的公司相比，能够坦白承认错误，明确说明未来会做得更好的公司，更能够拉近与顾客之间的关系。

146

修线路的小伙子

有时，一次令人失望的顾客体验有利于创建能够真正提升品牌忠诚度的顾客关系。2009 年以前在宾夕法尼亚州的家里，克里斯安装的是康卡斯特①公司的电话线，在受够了时断时续的服务后他决定安装威瑞森公司的高速光纤网络。除了令人满意的价格和更快的网络速度，威瑞森公司的客户服务代表还保证他可以继续使用以前的电话号码。那个时候，克里斯经常在家工作，不需要逐一通知同事他更换了工作电话和传真号码，对他来说非常重要。

新的线路与家中的电话线连接后，安装工人告诉他工作已经完成，便离开了。第二天，同事打来电话说传真没有发过来。克里斯检查了线路，发现拨打该号码时电话没有响应。接下来的三天，克里斯给威瑞森的客户服务中心打了很多电话试图解决这个问题。有时克里斯不得不在中午的时候拿着听筒等上 45 分钟或是更久，却毫无进展。威瑞森的客户代表试图说服克里斯他以前的传真号已经丢失，找不回来了。但是克里斯坚决不同意，他希望保留原号码。因此，威瑞森又派了一名技术人员来他家查看情况。

很显然，当第二天威瑞森公司的安装员安德鲁·帕金森到来的时候，克里斯依旧非常沮丧。安德鲁首先为威瑞森公司给克里斯带来的麻烦道歉，然后说他将尽一切可能找回以前的传真号。"我会负责的，"安德鲁对他说，"我以个人名义担保一定能解决问题。"安德鲁把自己的电话号码留给了克里斯，并告诉他再给客户服务中心打电话并创建一个新的服务订单，并索要订单号。"得到新的订单号后，"安德鲁说，"把它发给我，我保

147

---

① 康卡斯特（Comcast），美国有线电视、宽带网络及 IP 电话服务供应商。

证下次公司派来的人是我。"

克里斯照办后，第二天安德鲁果然出现了。为了找到丢失的或不工作的号码，安德鲁拨打了许多电话来确定问题出在哪里，包括打给业务部门、维修部门和网络测试中心。威瑞森客户服务中心人员从未能如此热诚地为克里斯服务。安德鲁解释这是因为野外作业的工作人员会得到特殊的待遇。只要他是从客户家打来电话，即使是从停靠在私家车道的卡车里打来电话，这些部门都要优先解决他的问题。傍晚的时候，安德鲁找到了问题所在，传真线路恢复了通畅。

安德鲁告诉克里斯，公司并没有要求安装人员将手机号码告诉给客户，而当他意识到解决这些问题还需要一丝人情味在里面的时候，他经常会把手机号码告诉客户。"公司希望我们尽快解决问题，"他解释道，"处理问题对我来说非常简单。因为与你相比，通过给营业部打电话我能和更多的部门取得联系。但是如果你没有我的信息，你就必须再给营业部打电话，那会让你觉得很郁闷，因为这个过程你将重复很多次。"

对于克里斯来说，安德鲁是他接触到的第一个向他表明有益意图的威瑞森公司员工。安德鲁展示出了高水平的热忱与能力。他关心克里斯的最大利益，并且很明显，为克里斯解决问题令他感到高兴。为表示感谢，克里斯打算付小费给安德鲁，而令他感到失望的是安德鲁并没有收下。

148

"我和许多人愿意为客户设身处地着想的人一起工作，"安德鲁告诉克里斯，"有些维修人员可能会登门告诉顾客自己无法解决问题，并祝他们愉快，然后转身离开。与此相比，能够帮助别人会给我们带来更大的满足感。"原来安德鲁是威瑞森这个地区的关键人物——调停者。如果该地区的副经理遇到长期无法解决的难题，那么管理人员就会把这个任务派给安德鲁。

克里斯认真地保存了安德鲁的电话号码，以便随时联系。一年以后，当克里斯想把线路延伸到地下室时，他意识到："我在威瑞森有认识的人。"安德鲁到来后大展身手，双绞线①穿墙而过到达阁楼，然后从阁楼通到地下室，整个布线过程实现了无缝衔接。这样克里斯 10 来岁的儿子们就可以在地下室玩游戏机了。

现在，每当康卡斯特发来邮件甚至是上门请求他重新使用该公司网络时，他只能一笑了之。虽然他不确定自己是否是威瑞森的忠实客户，但有一点很肯定，他是安德鲁·帕金森的铁杆粉丝。克里斯对于使用哪个公司的服务并不在乎，康卡斯特或许会提供比威瑞森更多的好处，但除非它有像安德鲁这样的人。安德鲁是威瑞森获取客户忠诚度的秘密武器。这个秘密武器非常隐蔽，事实上，或许连威瑞森自己都没有意识到安德鲁对顾客忠诚度的巨大影响。

从错中学

获得原谅的可能性，重返往日辉煌的希望，这些都激励着深陷麻烦的公司做得更好。经历了一系列尴尬的召回事件后，丰田公司和强生公司都从各个角度得到提升，比以往更强大。尽管连续三年位居美国汽车召回榜第一名，但丰田公司在 2010 年第四季度的增速仍达到 13.5%，超过行业平均水平。即使因为召回损失了 11 亿美元，丰田公司在 2012 年的收入仍然达到五年来的最高水平。这表明公司已经全面恢复到召回事件之前的状态。

"一场危机能帮助你厘清优先次序，"杰弗里·莱克在《丰田模式》中写道。莱克指出，丰田公司的召回危机让人们看清楚了"文化凋敝、交流不畅和恐怖的官僚主义"是如何在该公司快速发展期间抑制其以顾客为中心的策略的。[40] 召回事件给丰田公司的名誉和利润带来了巨大打击。新总裁

----

① 双绞线，综合布线工程中的传输介质。

上任后在强大的、潜在的公司文化帮助下使公司回到了正轨。

进入 2013 年的强生公司同时也经历着新旧领导人的更替。新任首席执行官亚历克斯·戈尔斯基认为公司在 2012 年的销量"相当不错",但是他却将计划好的年底奖金砍掉了 5%,这说明"相当不错"还远远不够。2011 年美国食品及药物管理局和麦克尼尔签订和解协议,前者加大了对麦克尼尔三个生产厂的监管力度,这为麦克尼尔恢复信誉所做的努力赢得了信赖。

基于公司官员在问题中所学到的一切,现在的强生公司明显地更加谨慎和积极。2012 年 2 月 17 日,公司宣布召回 57.4 万瓶婴儿泰诺。仅仅是因为公司收到了 17 份顾客投诉,顾客们认为包装上的新的剂量系统不好用。[41] 任何种类的挫折都应被公司看作表明顾客至上理念的机遇——因为真正意义上的这种机会不会出现在正常的贸易交往中。

在顾客关系复兴期间,一切都在以更快的速度发展,失误会不断地出现,对于公司将如何应付失利,我们拭目以待。这种情况下公司所做的选择将决定顾客们会花多长时间原谅并遗忘。如果公司能开诚布公,顾客们将像亲密朋友一样设身处地地为它着想,原谅它的过失。我们与公司和品牌之间的关系,或者是这种关系的缺失,会在那一天变得更为重要。

150

7 顾客关系复兴
指引前进的方向

151　　本书提出的问题并不是商人们是否有热忱与能力，而是顾客们是否这样认为。即使商人们认为自己已经向对于他们来说重要的人表达了有益意图，那么他们能确保顾客们已经领会到了吗？如果商人们发现事实并非如此，那么他们会怎么做呢？

　　毕竟，大多数公司和品牌的领导人相信，当他们做出至关重要的商业决定时，他们总是表现得理性、谨慎。与大多数人一样，他们认为自己兼具热忱与能力，并且希望其他人也这样看待自己。他们的决定和由此产生的结果将如何被顾客和其他利益相关者感知，在很大程度上，他们并不清楚。

　　对于我们所有人来说，确保我们的热忱、能力、有益意图传达给其他人取决于三个必要行为。首先，我们要通过获取顾客最诚实的反馈来克服我们在这方面的先天不足，全面把握我们与他人相处的方式。其次，我们
152 必须接受这些反馈，并在语言上和行动上做出重大的改变，就像斯普林特的丹·汉斯和达美乐的帕特里克·多伊尔一样。最后，我们必须从根本上改变我们的优先顺序。无论是顾客还是公司，如果我们仍旧只以自己的最大利益为中心，那么仅仅是对坦诚的反馈做出回应，于事无补。充分理解热

忱与能力原则会给我们带来希望——鼓励我们成为更好的人。

必要条件 1：增进自我了解

我们在瞬间判断他人的意图和能力需要复杂的思维，与此相同，在充分认识自我方面，我们也身陷盲区并为此苦恼。在一个数字化、移动化和网络化的世界里，给上千人甚至是几百万人留下深刻印象变得前所未有的容易。同样地，是否能意识到我们的语言和行动在多大程度上被解读为有热忱、有能力也变得越来越重要。在顾客关系复兴时期，这种持续的自我意识或许是我们必须培养的最为关键的能力。

对于渴望获得顾客信赖和忠诚的公司和品牌而言，它们需要像评估、管理自己的财政一样，去勤奋地衡量、掌控顾客对它们热忱与能力的感知程度。经过研究团队的研究和打磨，这两个可以测量的认知维度能够帮助分析我们的有益意图是否奏效。根据这些维度，我们就能找到盲点，并相应地去调整我们的做法。

热忱方面最基本的维度是我们是否被认为是热忱的、值得信赖的。同样地，能力方面最基本的维度是，我们在多大程度上被认为是有才干、有能力的。虽然直接面对我们并给出坦诚的反馈会令人感到一丝尴尬，但询问他人在这两方面的意见并不难。

忠诚度测试

153

征集直接反馈——并直接获得反馈——会令人感到尴尬。为改进这一过程，我们在 www.LoyaltyTest.com 上创建了一个免费、简单的工具。你可以就顾客对某一公司或品牌在热忱与能力方面的表现，快速、简单地征集顾客的匿名反馈。反馈结果将为你提供有关这些原则的基本说明，并深入分析他人对该机构的信赖度和忠诚度。你或许会对忠诚度测试的结果感到惊讶，可口可乐、好时和麦克尼尔在进行了针对它们的更综合、全面的分析后也是如此。一旦接受了这个测试，你会更清晰地了解公司需要进行的改变，继而更放心地赢得顾客的信赖和忠诚。

　　获取这方面的反馈——对于公司或品牌——绝对是一种新型的心理掌控方式，令人想起了以前或现在流行的"隐秘劝说者①"和"阈下诱惑②"等"情感营销"策略。有益意图原则要求公司打造与顾客之间的真正关系，而像积分奖励、客户服务中心处理的电话数量或是客户关系管理软件中记录的客户"接触"等方法无法对真正的客户关系进行评估。

　　正如第4章描述的那样，这些分裂性的技术不仅能轻松地吸引顾客，同时也能轻松地疏离顾客。一方面，技术前所未有地拉近了我们与卖家的距离。另一方面，同样的技术将热忱和人性从经济交换中全部抹杀。

　　大数据现象可以恰当地说明这一点。现在，通过日益精细、复杂的软
154 件可以挖掘到大量关于每个顾客的个人信息。这些信息可以用来发现细微的购买模式，而这在几十年前是根本不可能的。但是这些可供收集的信息量却几乎无法计算，它不仅包括可以轻松解读的数据，如人口统计信息和购买的产品；还包括我们在脸书上张贴的内涵更丰富、更复杂的图片信息，邮件中讨论的问题以及我们在生活中所做的任何事情。

　　诸如此类的信息可以为营销人员提供宝贵的分析材料，但同时这些信息也会令顾客受到干扰，甚至使他们疏离。例如，大型零售商塔吉特将数

_____

① 商业行为中的"托"。
② 在消费者没有意识到的情况下将产品图片、品牌名称或其他营销刺激物呈现给他们。

据挖掘提升到了更为细致、复杂的水平。2012 年 2 月,《纽约时报》披露,塔吉特发现了如何预测顾客是否怀孕的办法。[1]该公司的营销分析专家能够通过识别 25 件产品,以及对个人信息的分析创建一个女性顾客的"怀孕预测分数"。这个计分系统以令人惊讶的精细度分析相关数据。因此,针对预测出的不同孕期,塔吉特能及时地送出优惠券。

公司试图通过这样的定量研究"认识"顾客,这种方式具备伸缩性,同时也会招致起诉。但是,与今天其他公司的做法一样,这种方法最终会消除信赖,使人际交往贬值。一天,一位愤怒的父亲冲进塔吉特的办公室,质问为什么他的女儿会收到该超市的母婴用品优惠券:这是在鼓励她怀孕吗?塔吉特的应对举措是在后续的优惠券邮寄中审慎地掺杂与母婴产品无关的广告和代金券,试图掩盖针对准妈妈的销售策略。塔吉特因为手伸得太长而有所节制,在后来的销售策略上更加隐蔽,准妈妈们很难知晓自己是否被"设为目标①"。

同样运用数据挖掘这种精密计算的还有谷歌公司。谷歌公司利用谷歌邮箱用户的邮件内容和搜索历史向他们派送广告。这种做法或许会在一定程度上展现出它们的技术水平,但同时缺乏决定顾客忠诚度和构建顾客关系的热忱,这些曾在本研究中提到过。不可避免的是,对于使用该技术的公司,这种资源开发的"能力"最终会表现为实际经济收入方面的无力。我们迟早会因为被操纵而感到厌倦。那些拒绝使用此类开发技术,用科技传递有益意图,建立真正客户关系的公司,会自然而然地吸引我们。

以微软为例,它曾试图证明在其电子邮箱 Outlook.com 中并未使用数据挖掘技术来整合邮件内容。2013 年,该公司推出了旨在针对谷歌数据挖掘行为的广告。一则"你被谷歌锁定了"的广告登上了《华尔街日报》的头条,引发公众震惊。[2]该广告引导读者登录网址 Scroogled.com,注册成为

155

---

① 原文引号中使用的是"Targeted"一词,Target 是塔吉特公司的英文商标,本义是"目标"。

微软电子邮箱 Outlook.com 的用户，并在该网址签名请愿，请求"谷歌停止浏览个人邮件"。虽然这是一场社会运动，但通过广告宣传，微软却吸引到了谷歌邮箱的用户，他们不愿意看到自己的隐私被企业以盈利的目的盗用。

一些新兴的强大技术却深陷中世纪营销范例中，谷歌和塔吉特的数据挖掘只不过是其中之一。问题在于，以信息的微观切分、追踪客户浏览痕迹和有针对性地调整广告种类及内容为特点的大数据和搜索引擎优化，在了解顾客姓名并建立有意义的客户关系方面收效甚微。这就是为什么我们认为他们对客户隐私的经常入侵令人不寒而栗、毛骨悚然。

无论是人际关系还是人与公司或品牌的关系，他们的本质在于我们不可能总是即时地获取到诚实、客观的反馈，而且反馈的模式也不是一成不变的。对于我们来说，想要知道自己在顾客心目中的地位，知道应该在何时做出调整，我们就必须积极获取、收集这些反馈。创建自我意识的第一步是询问坦诚的反馈，然后带着开放的态度，真心实意地聆听。

必要条件 2：接受重大变革

正如达美乐、斯普林特和其他公司所展示的一样，倾听顾客们的需求，公司就能发扬光大——包括他们最激烈的批评——并根据了解的情况，变革做事的方法。达美乐就是这样提高比萨质量的。斯普林特也因此将顾客服务水平从最低状态提升到行业领先。许多公司与我们的生活密不可分，而达美乐的例子说明我们可以提升与这些公司的关系，并充满期待。

现在，我们期待能够与公司开展真正的对话，期望它们真心倾听。这种双向交流方式是任何关系的基础，无论是与人、品牌还是公司。本质上我们只愿意与那些具备有益意图的人建立关系。掌管公司和品牌的人一定要愿意从热忱与能力的角度出发，通盘考虑自己的优先原则、政策和做法。在有益意图原则指导下，如果品牌背后的人希望顾客关系在顾客关系复兴时期真正运作起来，他们必须发自内心地想要成为更好的人，并为之做出相应的努力。

当我们意识到生活中这些重要的公司或品牌提升了经营方式，我们会以顾客忠诚度作为回报，把他们当作更好的人，继而形成良性循环。心理学家把这个过程称为"米开朗基罗现象"。[3] 如果我们认为关系伙伴已经达到了理想自我的状态，并基于这种认可与他们交往，那么与他们的交往越多，他们就越有可能真的会达到这一理想状态。按照这种方式，我们在关系伙伴的身上"雕塑"出一个理想的自我，就好像米开朗基罗根据自己的想象在大理石上雕刻出一个完美的人物形象一样。但是，正如研究人员指出的一样，该关系中的合作伙伴必须出于真实意愿，希望成为我们想象中的、受到我们肯定的理想自我。我们愿意与这样的人建立相互关系。

在第 6 章讨论的公司的过失或产品召回等事件发生之后，我们看到了"米开朗基罗现象"。公司在过失之后采取的诚信、透明和无私的做法展示了它们一直以来追求的理想形象，虽然它们曾在某一次事件中表现得令人失望。作为顾客，我们会原谅公司的领导，在原谅他们的同时，我们也肯定他们追求的理想自我，并鼓励他们为之努力。同样地，那些欢迎批评，并且在面对顾客的不满时，能够全心全意回应的公司领导向我们展示了他们要求做到更好的决心。即使在面对最尖锐的批评时，如果公司能公平恰当、不卑不亢地处理问题，那么这些顾客将成为公司最忠实的拥趸。因为在抱怨和不满得到解决的同时，他们也感受到了公司追求理想自我、愈臻完美的决心。

这听起来有些不切实际吗？那么想一想麦当劳在过去是如何改变，应对批评和质疑的。1986 年，一些英国环保主义者散发针对麦当劳的传单，上面写着"麦当劳怎么了：一切他不想让你知道的事情"。宣传单上宣称麦当劳出售不卫生的食品，通过广告误导儿童，虐待工人以及为造纸而大量砍伐、破坏热带雨林等违规行为。

麦当劳对这个无名组织的小型活动做出了反应：雇人潜入该组织，以诽谤罪起诉该组织的两名成员，威胁起诉发布该指责的新闻机构。[4] 这起被称为"麦当劳诽谤案"的法律诉讼拖延了十年之久才得以宣判。最终，虽然被告方被英国法院裁定有罪，但他们在全球公众意见的法庭上却赢得了巨大的胜利。对于他们的支持者而言，互联网是他们的有力平台，麦当劳因此遭受到了英伦三岛以外的毁灭性的指责和蔑视。这本《麦当劳怎么了》的小宣传册被翻译成 27 种语言，至今仍可在网络上找到。[5] 麦当劳采取的极端回应手段致使"后院起火"，本应很快就平息的小事由此甚嚣尘上。

今天，麦当劳对批评指责的回应已经大不同。与"米开朗基罗现象"一样，在某种程度上麦当劳在批评指责中被重新雕塑出来，浴火重生。2004 年独立制作的纪录片《超大码的我》指控麦当劳是造成美国人普遍肥胖的原因之一。最终该公司停止供应备受欢迎的超大号包装的食物。自此之后，麦当劳开始寻求提供更多的环境友好型食品，剔除了法式炸薯条中的反式脂肪，在开心乐园餐中加入苹果片以及提供其他更有营养的食品选择。今天，无论麦当劳遭遇了怎样的负面评价，它都不会像以前一样试图去碾压对方。

对于顾客和公司来说，今天的顾客关系复兴是一条双向道。这与工业革命之前的模式一样，工匠会因为制作出精美的工艺品而感到满意，顾主会因买到这样的商品而高兴。但是，为了全面掌握热忱与能力的价值，深刻体会忠诚度的内涵，公司和品牌必须改变心态。公司不能再控制欲十足，总是为自己辩护或是对顾客的质疑不理不睬，而应以更加开放的心态面对顾客对自己的态度和意见，并以更加积极的态度回应顾客并做出相应的改变。

这就需要对公司和品牌日常经营所采取的政策、做法和过程重新进行综合评估，重点关注顾客们是否感受到了它们传达出的热忱与能力，或在多大程度上感受得到。单纯地检验公司在营销活动中传递的信息或在社会责任方面所做的努力意义不大，如果顾客认为它们虚伪、不诚实，那这样的检验只会对公司造成更加严重的伤害。

原因在于，如果市场营销和社会活动能够体现公司的热忱与能力，并始终坚持有益意图原则，那么顾客们就能够洞察到公司管理层的意图和能力，这对于顾客来说是非常有意义的。当公司以一种等价交换的方式开展业务和活动时，如常见的"如果你购买该产品，我们就会捐助多少钱"等活动，企业只不过是进行自我服务式的促销。相比而言，首先考虑他人的利益，真诚无私的行为才能令顾客真正体会到公司和品牌的真实意图和能力。顾客也会为此回报以信任、钦佩和忠诚。

许多将热忱与能力整合并达到我们期待的公司——如诚实茶、露露柠檬、美捷步和乔巴尼——在公司起步阶段就是这样做的，这种顾客至上的经营理念已经成为它们日常经营的指导方针，被融入到了日常工作的每一天。在中世纪营销范式中表现出色的公司和品牌现在面临着更大的挑战，因为从根本上彻底改变经营方式不是一件容易的事。然而，力图在顾客关系复兴时期枝繁叶茂、蓬勃发展的公司需要接受这种新型的"理性的自我主义"[①]，并做出相应的改变。否则，公司和品牌面临的将是冰冷、没有人情味的交易，匆匆而过的客户，不满意的员工以及贫瘠的收入。

必要条件 3：彻底改变优先顺序

最后，在面对顾客坦诚的反馈时，公司仅仅做出回应和有选择的改变

---

① 理性自我主义认为，在行动上为他人利益服务最终会返照自我利益。

还是不够的。持续的改变需要企业做出真诚、认真的检查并改变目标和优先顺序，它们曾导致公司和品牌偏离了最初的目标。未来的持续成功需要公司和品牌在关注点上做出重大改变，从过度关注短期的股东收入到采取多方均衡的发展策略，也就是为更多利益相关者创造共享的价值，重点关注客户利益和为企业服务的员工的利益。

160 　　改变重点并非易事，尤其是长期以来一直关注季度回报率的上市公司。近年来，由来已久的股东利益最大化原则再次得到加强，公司越来越关注短期利益。这导致公司紧盯着季度利润报表，唯恐数据会与华尔街分析员几乎想象出的利润率相符。

　　有些人或许想让我们相信事实就是这样，但实际上并非如此。彼得·德鲁克①认为，20世纪30~40年代的职业经理人把平衡短期利益和长期利益作为自己的任务。[6]事实上，50年代经历了由彼得等领导的大讨论阶段。讨论的重点是经理人的职责是平衡"利益相关者"（这个术语由此被传播开来），即股票持有人、员工、供应商、社区和其他对公司的成功感兴趣的人的利益。彼得认为这种平衡在80年代的收购战中被打破。如果在售公司的回报率稍微高一点，那么机构投资者就有义务全力支持企业狙击手②强行收购。在永无休止地追求短期利益最大化的过程中，股票持有人的利益似乎掩盖了公司一直以来持有的信条，那就是若要获取股票持有人的长期利益最大化，公司应该将顾客的利益放在第一位。强生的公司信条和其他久负盛名的管理原则就是这方面的经典范例。

　　马克·克雷默③和迈克尔·波特④——后者提出了"竞争优势"这一概

---

① 彼得·德鲁克（Peter F. Drucker，1909~2005），现代管理学之父，其著作影响了数代追求创新以及最佳管理实践的学者和企业家们，各类商业管理课程也都深受彼得·德鲁克思想的影响。
② 通过大量购买股票以达到控制某一公司的个人或机构。
③ 马克·克雷默，克雷默公司总裁，公司主要从事互联网战略营销、销售和传播、商业计划、项目管理。
④ 迈克尔·波特，哈佛大学商学院教授，在2005年世界管理思想家50强排行榜上位居第一。

念，史上最有影响力的商业概念之一——号召公司不要简单地追求股东利益①，而应该创造"共享的价值"。2006 年，他们提出，如果"公司用指导他们进行主要商业决策的框架体系来分析他们在社会责任方面的前景，他们将发现公司的社会责任不仅是一份开销、一项束缚或是一种慈善行为——它也是抓住机遇、激发创新和获得竞争优势的源泉"。[7]

百事是首先接受这种观点的公司之一。百事旗下的知名品牌包括百事可乐、果缤纷、桂格燕麦和菲多利。百事公司的经历证明了上市公司在有益意图指导下改变方向将会遇到各种难题。

2006 年，在首席执行官卢英德的领导下，百事公司发起名为"百事公司的承诺"的雄心勃勃的改革。卢英德在当年的年度报告中写道，该项目的目标是"为你的投资带来丰厚回报的同时成为新世纪的标杆公司——目的是通过做得更多而做得更好"。[8]

2006 年，百事公司的主要业务曾一度四面楚歌。在美国，含糖饮料和咸味点心——百事公司的利润支柱——被广泛认为是导致肥胖流行的原因，与麦当劳的食品大同小异。当时罹患糖尿病、高血压、心脏类疾病、中风和其他与饮食相关的疾病的比例与日俱增。世界卫生组织曾经建议增加饮食结构中水果和蔬菜的比例，剔除食物中的反式脂肪，减少食物中饱和脂肪、糖和盐的摄入。美国及其他国家政府考虑征收涉事企业产品的"脂肪税"。投资者担心，就像 20 世纪 80 年代的大烟草运动②一样，零食生产企业可能会因为产品导致的公共健康问题卷入到巨额的法律诉讼中。在摩根大通的评级中，百事公司位于最容易遭致法律诉讼的食品饮料公司的第四位。[9]同时，顾客们也用他们的钱包进行了投票，含糖类饮料在饮料市场中的份额持续下滑。

161

---

① 股东利益，指公司为股东创造股息和促进股价增长的能力。其重点在于公司的投资和运用资本创造现金流的能力。
② 大烟草运动，20 世纪 80 年代美国烟草企业抵制烟草控制和烟草税的运动。

在这种背景下，百事公司承诺力争"在降低成本，提升生产力的同时提高收入、市场份额、产量、利润和每股收益"。[10]与此同时，他们承认
162 "今天的顾客越来越多地认为他们的消费决定会对这个世界产生影响……并且希望所购买的产品能够反映他们的价值，他们支持的企业能帮助自己的社区变得更强"。公司郑重宣告将以三种方式满足这些需求：扩大健康食品和饮料的种类，降低公司在饮用水包装和能量消耗方面对环境的影响，创建公平、多样和包容的公司文化。

卢英德聘请前世界卫生组织执行理事负责推广公司的全球卫生政策。2010年，百事公司创建全球营养集团制定了扩大健康食品种类的十年计划。目标是：截止到2020年，将公司的"一切为了你"系列产品的产值从100亿美元增加到300亿美元。为了达到这一目标，公司决定除了在佳得乐、果缤纷和桂格燕麦等现有品牌基础上进行扩充外，还要继续推广其他健康食品。公司还决定提升核心产品的营养配方，减少针对儿童的广告，并参与一项全行业范围的活动，目的是在美国学校中停止销售富含热量的软饮料。

哈佛商学院的教授针对"百事公司的承诺"这一活动进行了个案研究，他们得出这样的结论："百事公司的承诺"不仅是长期的经济增长策略，同时"也是一个优秀的世界公民对未来世界的憧憬"[11]，对此，百事公司的高层们了然于胸。这个研究给予了卢英德高度的评价，因为她明白她的公司拥有"一个灵魂……这个灵魂代表了缔造这个公司的所有人"。[12]

在该项目进行了五年之后，公司的旗舰品牌百事可乐名列全美软饮料销量第三位，仅次于可口可乐和健怡可乐。百事公司也开始遭受其他大型上市公司面临的压力：股东们要求提高利润而不是笃行对顾客的真挚承诺。百事公司股东拉尔夫·惠特沃斯是一位活跃的机构投资者，由他领导的一个投资小组拿出6亿美元资金敦促公司将业绩成长缓慢的软饮料公司
163 剥离出去，成立独立的企业进行运营。分析师们也建议百事公司将饮料和

零食部门划分出去，成立独立的公司，这将创造更多的股东利益，就像卡夫食品最近的举措一样。

一些观察员质疑百事公司致力于更健康食品的策略是否已经开始以全公司的业绩增长速度和股东的收益为代价。2011 年，"百事公司的承诺"第一次缺席公司的年度报告，这是自 2006 年提出这种说法以来的第一次（2012 年再次出现在年度报告中）。2012 年 2 月，百事公司大幅削减 8700 个工作岗位，对商业部门进行重组，宣布针对核心产品开展新的、积极的市场营销计划。百事公司董事会表示这项活动得到了卢英德和她的团队的支持，并采用了他们的策略。但董事会强调董事们会"致力于将股东利益最大化"。

德鲁克研究院的瑞克·沃兹曼当时写道，卢英德"和其他我认识的首席执行官一样，以她的经历告诉人们追求这样的高贵目标实在是举步维艰，尤其是当许多公司都奉行'股东利益最大化'的时候"。[13] 在这样一个不惜一切代价提高短期股票价格的时代，想要"通过做得更多而做得更好"无异于登天。许多观察家认为优先考虑股东利益的观点可以追溯到将近一个世纪之前道奇状告福特的经典案例，密歇根州立最高法院的决定导致了这一观点的盛行。法院认为："一家商业公司的组成和运行主要是为股东利益服务。董事要利用手中的权力为这个目的服务。董事具备酌情选择实现该目的的手段，但丝毫不能改变目的本身，不能降低利润或为了其他目的而停止在股东之间分发利润。"[14]

美国的 31 个州确实拥有所谓的"选民"法，允许——而不是要求——董事在做决定时考虑选民而非股东的利益。然而，特拉华州却没有这样的法律。特拉华州是全美 50% 上市公司的注册地，同时，财富 500 强企业中的 63% 隶属于该州。大多数州在解释本州的公司法时会以特拉华州的法律作为参考。[15] 即使在有选民法的州，董事们主要的信托责任仍然是最大化股东利益。

2011 年，正当卢英德遭受到来自分析师和股东的双重壁垒时，波特和克雷默就公司可以创造共享价值提出了具体实施步骤。他们号召公司重新构想公司产品和市场，重新定义价值链上的生产率，在公司所在地开办相互扶持的产业群，目的是在相互扶持的良性循环中使多数利益相关者获利。[16] 他们列举了为创建共享价值而进行尝试和努力的公司，如美国通用电气公司、沃尔玛、雀巢、强生和联合利华。以雀巢为例，它重新制定了采购程序，为小种植户提供建议，帮助他们保护资源，直接向他们付款收购高品质的咖啡豆。高产量和高品质的咖啡豆帮助农民提高了收入，同时为雀巢公司和它的顾客提供了可信赖的优质咖啡。

户外服装和设备生产商巴塔哥尼亚也采纳了相似的方式。他们发现公司一直以来使用的、被称为"纯天然"的纤维在生长过程中使用了有毒化学物质，这些化学物质通常在棉花种植中使用。公司认为在所有使用过的纤维当中，它"对环境产生了目前为止最严重的破坏"。完全基于有益意图考虑，巴塔哥尼亚做出了一个艰难的决定。1994 年秋天，巴塔哥尼亚承诺到 1996 年所有棉质运动服将全部使用 100% 的有机棉花生产——也就是说在 18 个月之内对 66 种产品做出改变。这在当时是一个雄心勃勃的承诺，因为美国当时并没有大型的有机棉种植商。但是该承诺却带动了全美的有机棉市场，正如雀巢对咖啡种植户的承诺带动了市场对高品质咖啡豆的需求一样。巴塔哥尼亚实现了自己的承诺，至此，它的所有棉质产品都使用全有机棉生产。

165　　其他公司从百事、雀巢和巴塔哥尼亚的例子中能够学到什么呢？关注短期利益的投资者们是否会像百事公司的同行一样，继续挑战公司试图平衡各方利益的努力呢？或者我们能否逐步形成一套适用有益意图原则的体系？或许，百事公司已经走在了时代的前面。"这种挑战是短暂的，"百事的全球营养集团负责人马哈穆德·康恩博士在 2010 年时说，"我认为一旦你度过了这段时期，并形成了自己的体系，你就会提升效率，抓住机遇，重新设定、变革自我……无论你是一个人还是一家公司，如果你愿意彻底变革，那么在你的面前就会有一条通向远方的长路。"[17]

对于没有遭遇大型上市公司在经营管理方面和股东利益等方面困境的公司而言，一种新方式能够缩短康恩所谓的长路：公益企业（B 型企业）①。这种新型的企业实体早在美国成立之初就出现过。这种公司由政府授权，特许经营，目的是建设运河、桥梁和公路等公共福利设施。这些公司的股东们可以赚取利润，但提供公共服务是确保企业合法性的保障。

同样，今天的公益企业当然可以赚取利润，但是管理此类公司组建的国家法规通常要求它们做到另外三件事：①对社会生活的物质方面产生积极影响；②将非营利性决定作为信托责任的一部分；③根据可靠、独立透明的第三方标准汇报企业在社会方面和环境方面的表现。[18] 2010 年 4 月，马里兰州成为美国第一个颁布公益企业法的州，其他 11 个州紧随其后，其中有 6 个州和哥伦比亚特区采纳了相似的法案。

这类法案在现行的公司法案体系内颁布，为公益企业的董事和办公人员提供广泛的法律保护。该法案的框架灵活，同样适用于营利性企业，这 **166** 些企业的社会目的主要是围绕企业自身发展展开的。公益企业敦促公司管理层针对顾客和其他利益相关者践行有益意图，而不必担心股东的报复，从本质上讲，它要求管理层光明磊落、大公无私。从某种意义上说，这样的双重关注——给公司以追求有价值目标的自由，同时创建法律框架迫使他们这样做——使动态的"米开朗基罗现象"制度化。对于商业发展的长期前景来说，最重要的是公益企业的框架促使有使命感的公司始终以使命为驱动力。即使经历领导更迭、资金积累和所有权易主，公益企业结构能够确保将企业创始人制定的价值、文化和高标准制度化。

巴塔哥尼亚是首先转型为公益企业的公司之一。2012 年 1 月 3 日，加

---

① Benefit corporation，简称 Bcorporation。

利福尼亚州的《公益企业法》正式实施。巴塔哥尼亚 74 岁的公司创始人伊冯·乔伊纳德带领十几位公司高管来到了位于萨克拉门托的州政府秘书长办公室，在新的法律条文下重新注该册公司。[19] "我希望当五年或十年后回头看今天的时候，我会说这是革命的开始，因为现行的范例已经失效，不再运转了，" 乔伊纳德说，"这才是未来。"

巴塔哥尼亚的优势在于它是私人持股公司，许多 B 型企业也是如此。令人怀疑的是，华尔街或股东们是否会赞同有益意图指导下公司的大胆举措。在现行公司框架下，对于大型上市公司而言，要想达到顾客关系复兴的要求并不是件容易的事。或许它们也会发现自己越来越多地和一些规模更小、运转更灵活的公司竞争，而在公益企业出现之前，它们根本不会把这些小公司放在眼里。公益企业的框架体系帮助这些规模更小的公司获得了更多的资金，赋予它们追求公共利益的自由。

167　　事实上，许多知名的、成长迅速的公司，例如班杰瑞、美则①、易特希②、第七代③、卡伯特奶油公司④、邓肯⑤ 和谷百⑥ 等都成了 B 型企业——更不用说成百上千个横跨 60 个产业领域和 27 个国家的 B2B 企业⑦ 了。[20] 在转变为 B 型企业的同时，它们选择用 B 型企业要求的 "经社会认可的表现" 来补充它们的有益意图。

B 型企业并非万全之策。它验证了顾客关系复兴在启迪思维方面发挥的作用。在这种思路的引导下，公司要考虑为所有利益相关者的持久利益

---

① 美则（Method），专业生产环保型清洁产品的公司。
② 易特希（Etsy），美国电商平台，以手工艺成品买卖为主要特色，译者译。
③ 第七代（Seventh Generation），美国家用环保品牌之一，它的名字 "第七代" 是引用北美印第安部落的宣言：我们做每一件事时都必须考虑到它对我们之后七个世代的子孙所造成的影响。
④ 卡伯特奶油公司（Cabot Creamery），美国奶制品生产公司，拥有 1200 家家庭牧场。
⑤ 邓肯（Dansko），美国鞋业公司。
⑥ 谷百（Plum Organics），雀巢旗下的婴幼儿有机食品品牌。
⑦ B2B 是 "Business to Business" 的缩写，指企业与企业之间通过专用网络，进行数据信息的交换、传递，开展交易活动的商业模式。

去改进、调整公司的优先顺序。

另外，当 2011 年迈克尔·波特，这个时代最有影响力的商业策划师之一，宣布"资本主义体系已经四面楚歌"[21] 时，公司和银行就应该未雨绸缪了。从客户和公众的角度看，这个体系似乎就要瓦解了。公司无法再控制信息的流动，糟糕的客户体验不再是一个秘密。与顾客建立真诚关系的公司赢得了他们经济上的回报与忠诚，逐渐淘汰那些未作出改变的公司。个别公司除外，大多数公司仍然罔顾顾客内心对它们的期待，肆意践踏获取信任的先决条件。好消息是它们的时日不长了。

进入现代主义后，大部分时间里企业们都无休止地追求季度利润和缺乏人性关怀的大规模市场营销，这一切促使公司采取了一种漏洞百出的商业模式。这种商业模式不断膨胀，消费者不可避免地要否定所有劣迹斑斑的公司以及与其相关的所有人，即使他们中的大多数人实际上畏惧这种判断，真心希望一切得到改变。

公司的管理层应该心悦诚服地摒弃老一套的做法。很多公司已经开始这样做——对于热忱与能力，一些公司能够心领神会地准确抓住它的要义；一些公司通过方案设计逐渐接受。公司的法律框架和大公司赖以生存的投资文化会带来很多的难题，而在变革面前重要的是记住，绝大多数的商业人士愿意"与人为善"并且希望做到"乐善好施"。将有益意图纳入企业文化的举动会赢得人们的青睐，这是人类的本性。

研究表明，当人们追求理想、品行一致时，他们的幸福感就会提升，包括更丰盈的满足感和更健康的心态。[22] 研究还表明人们愿意为具备有益意图的公司工作：2011 年进行了一项涵盖 750 多名工商管理硕士的调查，其中 88% 的受访者承认即使工资下降也愿意就职于有商业道德的公司。[23]

一个不可避免的结论是：在这样一个一天之内就能在全球范围内声名鹊起或名声扫地的时代，表达热忱与能力的水平是我们最宝贵的砝码。无论是在哪方面取得成功——人际关系方面、职业成就方面或是商业领域——

168

最自然、最可持续的方法就是将他人的利益置于一切事情的中心，借以赢得他们永恒的忠诚。这样做并不需要我们罔顾自己的利益。相反，它强调的是人类在各方面的成功总是依赖相互之间的合作和忠诚。从这个角度考虑，在他人的最高利益和自身利益之间取得平衡就是一种开明的自利主义。这种思维模式肯定了对热忱与能力的感知，正是这种思维模式驱动我们进行选择，塑造了我们生活中的人文品牌。

注 释

0

[1] *Survivor* wins big ratings. (2000, August 25). *San Francisco Chronicle*.

[2] Wojciszke, B., et al. (1998). On the dominance of moral categories in impression formation. *Personality & Social Psychology Bulletin*, 24, 1245– 1257.

[3] Leach, W. (1993). *Land of desire: Merchants, power, and the rise of a new American culture*. New York: Pantheon, 7.

[4] Ibid., 123.

[5] Swann, W. B., Gómez, Á., Seyle, D. C., Morales, J. F., &Huici, C. (2009, May). Identity fusion: The interplay of personal and social identities in extreme group behavior. *Journal of Personality and Social Psychology*, 96 (5), 995–1011.

[6] Tedlow, R. (1990). *New and improved: The story of mass marketing in America*. New York: Basic Books, 271.

[7] Leach, 42.

[8] Fiske, S., & Taylor, S. E. (2013). *Social cognition: From brains to culture*. Los Angeles: SAGE.

[9] Anywhere the eye can see, it's likely to see an ad. (2007, January 15). *New York Times*.

[10] Larson, E. (1992). *The naked consumer: How our private lives become public commodities*. New York: Holt.

[11] Lagniappe: A little extra. (2009, January). *A lesson on English*. Retrieved from www.ili.cc/images/ALOE_2009_January_Lagniappe.pdf.

[12] Baumeister, R. F., & Leary, M. R. (1995, May). *Psychological Bulletin*, 117 (3), 497–529.

[13] Rainie, L., & Wellman, B. (2012). *Networked: The new social operating system*. Cambridge, MA: MIT Press, 197.

[14] Verizon Wireless cancels $2 "convenience fee" after backlash. (2011, December 20). Retrieved from http: //www.bloomberg.com/news/2011–12–30/verizon-defends-2-convenience-fee-.html.

[15] Can Honest Tea say no to Coke, its biggest investor? (2010, July 7). *New York Times*.

[16] Peter Kaye interview with Chris Malone, August 9, 2011.

1

[1] Fiske & Taylor, *Social cognition* (see Introduction, n. 8).

[2] Shaich stepping down as Panera CEO in May. (2009, November 18). *St. Louis Business Journal*.

[3] Wojciszke, B. (1998). On the dominance of moral categories in impression formation. *Personality and Social Psychology Bulletin*, 24, 1245–1257.

［4］Willis, J., & Todorov, A. (2006). First impressions: Making up your mind after a 100-ms exposure to a face. *Psychological Science*, 17(7), 592-598.

［5］Ibid.

［6］Todorov, A., Said, C. P., Engel, A. D., & Oosterhof, N. N. (2008). Understanding evaluation of faces on social dimensions. *Trends in Cognitive Sciences*, 12 (12), 455-460. On babyfaces, see Zebrowitz, L. A., & Montepare, J. M. (1992). Impressions of babyfaced individuals across thelife span. *Developmental Psychology*, 28 (6), 1143-1152.

［7］Todorov, A., Mandisodza, A. N., Goren, A., & Hall, C. C. (2005). Inferences of competence from faces predict election outcomes. *Science*, 308 (5728), 1623-1626.

［8］Banaji, M. R., & Gelman, S. A. (2013). *Navigating the social world: What infants, children, and other species can teach us*. New York: Oxford University Press.

［9］Harlow, H. F. (1958). The nature of love. *American Psychologist*, 13 (12), 673-685. Harlow, H. F., & Zimmermann, R. R. (1959). Affectionalresponses in the infant monkey. Science, 130, 421-432.

［10］Bargh, J. A., & Shalev, I. (2012). The substitutability of physical and social warmth in daily life. *Emotion*, 12(1), 154-162. Zhong, C.-B., & Leonardelli, G. J. (2008). Cold and lonely: Does social exclusion literallyfeel cold? *Psychological Science*, 19 (9), 838-842. IJzerman, H., & Semin, G. R. (2010). Temperature perceptions as a ground for social proximity. Journal of *Experimental Social Psychology*, 46 (6), 867-873. Vess, M. (2012). Warm thoughts: Attachment anxiety and sensitivity to temperature cues. *Psychological Science*, 23 (5), 472-47. Kang, Y., Williams, L. E., Clark, M. S.,

Gray, J. R., & Bargh, J. A. (2011). Physical temperature effects on trust behavior: The role of insula. *Social Cognitive and Affective Neuroscience*, 6 (4), 507-515.

[11] Williams, L. E., & Bargh, J. A. (2008). Experiencing physical warmth promotes interpersonal warmth. *Science*, 322 (5901), 606-607.

[12] Stulp, G., Buunk, A. P., Verhulst, S., & Pollet, T. V. (2012). Tall claims? Sense and nonsense about the importance of height of US presidents. *The Leadership Quarterly*.

[13] Schubert, T. W. (2005). Your highness: Vertical positions as perceptual symbols of power. *Journal of Personality and Social Psychology*, 89, 1-21.

[14] Tiedens, L. Z., & Fragale, A. R. (2003). Power moves: Complementarity in dominant and submissive nonverbal behavior. *Journal of Personality and Social Psychology*, 84 (3), 558-568.

[15] Schubert, T. W., & Koole, S. L. (2009). The embodied self: Making a fist enhances men's power –related self –conceptions. *Journal of Experimental Social Psychology*, 45 (4), 828-834. Schubert, T. W. (2004). The power in your hand: Gender differences in bodily feedback from making a fist. *Personality and Social Psychology Bulletin*, 30 (6), 757-769.

[16] Carney, D. R., Cuddy, A. J. C., & Yap, A. J. (2010). Power posing: Brief nonverbal displays affect neuroendocrine levels and risk tolerance. *Psychological Science*, 21 (10), 1363-1368.

[17] Kervyn, N., Fiske, S. T., & Yzerbyt, Y. (Under review). *Why is the primary dimension of social cognition so hard to predict? Symbolic and realistic threats together predict warmth in the stereotype content model.* Note that warmth includes two highly correlated dimensions, one being sociability

and the other morality. While exceptions exist (a con man is highly sociable but immoral), in practice, they tend to go together.

[18] Abele, A. E. (2003). The dynamics of masculine–agentic and feminine communal traits: findings from a prospective study. *Journal of Personality and Social Psychology*, 85, 768–776. Asch, S. E. (1946). Forming impressions of personality. *Journal of Abnormal and Social Psychology*, 42, 258–290. Bales, R. F. (1950). A set of categories for the analysis of small group interaction. *American Sociological Review*, 15, 257–263. Rosenberg, S. (1968). A multidimensional approach to the structure of personality impressions. *Journal of Personality and Social Psychology*, 9, 283–294.

[19] Fiske, S. T., Cuddy, A. J. C., Glick, P., & Xu, J. (2002). A model of (oftenmixed) stereotype content: Competence and warmth respectively follow from perceived status and competition. *Journal of Personality and Social Psychology*, 82, 878–902. Cuddy, A. J. C., Fiske, S. T., & Glick, P. (2007). The BIAS map: Behaviors from intergroup affect and stereotypes. *Journal of Personality and Social Psychology*, 92, 631–648.

[20] Cuddy, A. J. C., Fiske, S. T., Kwan, V. S. Y., Glick, P., Demoulin, S., Leyens, J–Ph., ... Ziegler, R. (2009). Stereotype content model across cultures: Towards universal similarities and some differences. British *Journal of Social Psychology*, 48, 1–33. Durante, F., Fiske, S. T., Kervyn, N., Cuddy, A. J. C., Akande, A., Adetoun, B. E., ... Storari, C. C. (2013). Nations' income inequality predicts ambivalence in stereotype content: How societies mind the gap. *British Journal of Social Psychology*. Fiske et al., 2002.

[21] Fiske, S. T. (1998). Stereotyping, prejudice, and discrimination. In D. T.Gilbert, S. T. Fiske, & G. Lindzey (Eds.), *Handbook of social*

psychology (4th ed., Vol. 2, pp. 357-411). New York: McGraw-Hill. Fiske
& Taylor, 2013, Chapter 11. Macrae, C. N., & Bodenhausen, G. V.
(2000).Social cognition: Thinking categorically about others. *Annual Review of
Psychology*, 51, 93-120.

[22] Fiske, S. T. (2011). *Envy up, scorn down: How status divides us*.
New York: Russell Sage Foundation.

[23] Fournier, S. (1998). Consumers and their brands: Developing rela-
tionship theory in consumer research. *Journal of Consumer Research*, 24, 343-
373. Fournier, S. (2009). Lessons learned about consumers' relationships
withtheir brands. In J. Priester, D. MacInnis, & C. W. Park (Eds.), *Hand-
book of brand relationships* (pp.5-23). New York: Society for Consumer Psy-
chology & M. E. Sharp. Aaker, J. (1997). Dimensions of brand personality.
Journal of Marketing Research, 34 (3), 347-356.

[24] Ahuvia, A. C. (2005). Beyond the extended self: Loved objects and
consumers' identity narratives. *Journal of Consumer Research*, 32 (1), 171-
184. Albert, N., Merunka, D., & Valette-Florence, P. (2010). *Passion for
the brand and consumer brand relationships*. Dunedin, NZ: Australian and New
Zealand Marketing Academy. Thomson, M., MacInnis, D. J., & Park, C. W.
(2005). The ties that bind: Measuring the strength of consumers' emotional at-
tachments to brands. *Journal of Consumer Psychology*, 15, 77-91.

[25] Kervyn, N., Fiske, S. T., & Malone, C. (2012). Brands as
intentional agents framework: Warmth and competence map brand perception.
Target Article, *Journal of Consumer Psychology*, 22, 166-176.

[26] Nass, C., Moon, Y., Fogg, B., Reeves, B., & Dryer, C.
(1995). Can computer personalities be human personalities? *International
Journal of Human-Computer Studies*, 43, 223-239. Nass, C., Moon, Y., &

Carney, P. (1999). Are people polite to computers? Responses to computer-based interviewing systems. *Journal of Applied Social Psychology*, 29 (5), 1093 –1110. Nass, C., & Moon, Y. (2000). Machines and mindlessness: Social responses to computers. *Journal of Social Issues*, 56 (1), 81–103.

[27] Karr –Wisniewski, P., & Prietula, M. (2010). CASA, WASA, and the dimensions of us. *Computers in Human Behavior*, 26, 1761–1771.

2

[1] Peeters, G. (1991). Relational information processing and the implic-itpersonality concept. *Cahiers de Psychologie Cognitive/Current Psychology of Cognition*, 11 (2), 259–278. Wojciszke, B. (1994). Multiple meanings ofbe-havior: construing actions in terms of competence or morality. *Journal of Personality and Social Psychology* 67, 222–232.

[2] Clark, M. S., & Mills, J. (1979). Interpersonal attraction in exchange and communal relationships. *Journal of Personality and Social Psychology*, 37 (1), 12–24. Fiske, A. P. (1991). *Structures of social life: The four elementary forms of human relations: Communal sharing, authority ranking, equality matching, market pricing.* New York: Free Press. Fiske, A. P. (1992). The four elementary forms of sociality: Framework for a unified theory of social relations. *Psychological Review*, 99 (4), 689–723.

[3] Gerbasi, M. E., & Prentice, D. A. (in press). The self-and other-interest inventory. *Journal of Personality and Social Psychology*.

[4] Sprint plans for end of Nextel push –to –talk network. (2012, June 18). *Kansas City Star*. Retrieved from http: //www.kansascity.com/2012/06/18/ 3664694/sprint-plans-for-end-of-nextel.html#storylink=cpy.

[5] CNET.com. (2007, July 5). Retrieved from http: //news.cnet.com/

8301-10784_3-9739869-7.html.

[6] Bedeviled by the churn, Sprint tries to win back disgruntled customers. (2008, July 8). *New York Times.*

[7] Sprint Nextel makes strides to improve image. (2010, June 29). CNET.com.Retrieved from http: //news.cnet.com/8301 -30686_3 -20009100 - 266.html.

[8] Sprint news release. (2012, May 15). Retrieved from http: // newsroom.sprint.com/article_display.cfm? article_id=2282.

[9] Ibid.

[10] *Fair Disclosure Wire.* (2012, May 16). Sprint Nextel teleconference call, J.P. Morgan TMT Conference 2012.

[11] Reicheld, F., & Teal, T. (1996). *The loyalty effect: The hidden force behind growth, profits, and lasting value.* Boston, MA: Harvard Business School Press.

[12] Frequent -flyer miles in terminal decline? (2006, January 6). *Economist.*

[13] Hayashi, F. (2009). Do U.S. consumers really benefit from payment card rewards? *Economic Review.* Retrieved from http: //www.kansascityfed.org/ PUBLICAT/ECONREV/PDF/09q1Hayashi.pdf.

[14] Love those loyalty programs: But who reaps the real rewards? (2007, April 4). *Knowledge@Wharton.* Retrieved from http: //knowledge.wharton.upenn. edu/article.cfm? articleid=1700.

[15] Cialdini, R. B. (1993). *Influence: Science and practice* (3rd ed.). New York: HarperCollins College.

[16] Whatever happened to Green Stamps? (2001, July 24). *The Straight Dope.* Retrieved from http: //www.straightdope.com/columns/read/1940/whatever-

happened-to-green-stamps.

[17] Strativity Group 2010 Customer Experience Management Survey.

[18] Love those loyalty programs, 2007.

[19] Bob Dekoy interview by Chris Malone, January 9, 2013.

3

[1] This woman spent $15,000 on Lululemon and she doesn't even do yoga. (2012, September 18). *Business Insider.* Retrieved from http://www.businessinsider.com/lululemon-addict-why-she-buys-2012-9#ixzz2QS1N9Roe.

[2] The long and the short of it: Complimentary hemming. Retrieved fromhttp://www.lululemon.com/community/blog/complimentary-hemming/.

[3] RetalSails report. Retrieved from http://www.retailsails.com/index.php/site/reports.

[4] Wallace, E. (2009). *Business relationships that last.* Austin, TX: GreenleafBook Group Press, 13.

[5] Yamagishi, T. (1998). *Trust: The evolutionary game of mind and society.* Tokyo: Tokyo University Press.

[6] Gurtman, M. B. (1992). Trust, distrust, and interpersonal problems: A circumplex analysis. *Journal of Personality and Social Psychology*, 62, 989-1002. Murray, S. L., & Holmes, J. G. (1993). Seeing virtues as faults: Negativity and the transformation of interpersonal narratives in close relationships. *Journal of Personality and Social Psychology*, 65, 707-722. Morling, B., & Fiske, S. T. (1999). Defining and measuring harmony control. *Journal of Research in Personality*, 33, 379-414. Rotenberg, K. J. (1994). Loneliness and interpersonal trust. *Journal of Social and Clinical Psychology*, 13, 152-173. Rotter, J. B. (1980). Interpersonal trust, trustworthiness, and

gullibility. *American Psychologist*, 35, 17.

[7] Orbell, J. M., & Dawes, R. M. (1993). Social welfare, cooperators' advantage, and the option of not playing the game. *American Sociological Review*, 58, 787–800.

[8] For a review, see Fiske, S. T. (2010). *Social beings: A core motives approach to social psychology* (2nd ed.). New York: Wiley. All else being equal, people expect basically good outcomes, especially from other people. People are biased to see the best in other people; although people differ, mostly they trust other people to be basically benign. See also Matlin, M. W., & Stang, D. J. (1978). *The Pollyanna Principle*. Cambridge, MA: Schenkman. Parducci, A. (1968). The relativism of absolute judgments. *Scientific American*, 219, 84–90. Sears, D.O. (1983). The person–positivity bias. *Journal of Personality and Social Psychology*, 44, 233–250.

[9] Boon, S.D. (1995). Trust. In A. S. R. Manstead & M. Hewstone (Eds.), *Blackwell encyclopedia of social psychology* (pp. 656–657). Oxford: Blackwell.

[10] Lululemon's secretsauce. (2012, March 12). *Wall Street Journal*.

[11] Ibid.

[12] Krueger, F., McCabe, K., Moll, J., Kriegeskorte, N., Zahn, R., Strenziok, M., & Grafman, J. (2007). Neural correlates of trust. *PNAS: Proceedings of the National Academy of Sciences of the United States of America*, 104, 20084–20089.

[13] Ibid.

[14] Luluemon yoga pants make comeback after recall. (2013, June 3). *Wall Street Journal*. Retrieved from http: //online.wsj.com/article/SB1000142412 788732346980457852379010337 6784.html.

〔15〕 CEO bows out at Lululemon. (2013, June 10). *Wall Street Journal*. Retrieved from http: //online.wsj.com/article/SB100014241278873246343045785 37712064607592.html? mod=WSJ_qtoverview_wsjlatest#articleTabs%3Darticle.

〔16〕 Baumeister, R. F., & Leary, M. R. (1995). The need to belong: Desire for interpersonal attachments as a fundamental human motivation. *Psychological Bulletin*, 117, 497–529. See Fiske (2010; n. 8) for othersources.

〔17〕 Zane, C. (2011). *Reinventing the wheel: The science of creating lifetime customers*. Dallas, TX: BenBella Books, 51.

〔18〕 Ibid., 37.

〔19〕 Fiske, S. T. (2011). *Envy up, scorn down: How status divides us*. New York: Russell Sage Foundation.

〔20〕 Feather, N. T. (1999). Judgments of deservingness: Studies in the psychology of justice and achievement. *Personality and Social Psychology Review*, 3 (2), 86–107.

〔21〕 Interview with Harry Smith, *Rock Center*, NBC–TV, December 13, 2012.

〔22〕 Ibid.

〔23〕 Chobani debuts first –ever national advertising campaign. (2011, February 17). PR Newswire.

〔24〕 Who we are. (n.d.). Chobani. Retrieved from http: //chobani.com/whowe–are/.

〔25〕 Transcript of Hamdi Ulukaya interview on *Bloomberg Surveillance*. (2011, November 10). Bloomberg TV network.

4

〔1〕 Groupon in retrospect. (2010, September 17). Posies Bakery and

Café blog. Retrieved from http: //posiescafe.com/wp/groupon-in-retrospect/.

[2] Groupon satisfaction rate not so hot, study finds. (2010, September 30). WSJ.com. Retrieved from http: //blogs.wsj.com/digits/2010/09/30/riceuniversity-study-groupon-renewal-rate-not-so-hot/.

[3] The REAL data on Groupon's performance. (2011, June 7). Dylan Collins.com. Retrieved from http: //dylancollins.com/? p=297.

[4] Groupon in retrospect.

[5] Bargh, J. A., & McKenna, K. Y. A. (2004). The Internet and social life. *Annual Review of Psychology*, 55, 573-590. http: //www.annualreviews.org/doi/abs/10.1146/annurev.psych.55.090902.141922.

[6] Down with loyalty cards: Another view. (2012, September 21). Couponsinthenews.com. Retrieved from http: //couponsinthenews.com/2012/09/21/down-with-loyalty-cards-another-view/.

[7] Karr-Wisniewski, P., & Prietula, M. (2010). CASA, WASA and the dimensions of US. *Computers in Human Behavior*, 26, 1761-1771.

[8] Ibid.

[9] Zappos' outrageous record for the longest customer service phone call ever. (2012, December 20). *Business Insider*. Retrieved from http: //www.businessinsider.com/zappos-longest-customer-service-call-2012-12#ixzz2QTtZ2 EmG.

[10] Zappos CEO letter. Retrieved from http: //blogs.zappos.com/amazon-closing.

[11] The notice is at Endless.com.

[12] Accenture 2011 Global Consumer Research Study. Retrieved from http: //www.accenture.com/SiteCollectionDocuments/PDF/Accenture -Global -Consumer-Research-New-Realities.pdf.

[13] Charlie Rose interview with John Donahoe. (2013, February 5). Retrieved from http: //www.charlierose.com/view/interview/12764.

[14] How top brands tackle customer service on Twitter. (2012, December 5). *Simply Measured*. Retrieved from http: //simplymeasured.com/blog/2012/12/05/23 -of -top -brands -have -a -dedicated -customer -servicehandle -on -twitter-study/.

[15] Ibid.

5

[1] Domino's Pizza Turnaround. Retrieved from http: //www.youtube.com/watch? v=AH5R56jILag.

[2] Russell Weiner interview with Chris Malone, October 5, 2012.

[3] Pizza turnaround case study, Advertising Research Foundation. Retrieved from http: //www.thearf.org/ogilvy-11-winners.

[4] Russell Weiner interview.

[5] The many acts of Domino's Pizza. (2010, August). *QSR Magazine*. Retrieved from http: //www.qsrmagazine.com/menu-innovations/manyacts-dominos-pizza.

[6] Russell Weiner interview.

[7] Ibid.

[8] Get ready for prime time. (2012, August). *QSR Magazine*. Retrieved from http: //www.qsrmagazine.com/executive-insights/get-ready-prime-time.

[9] Adams, S. (2011, November 30). Steve Jobs tops list of 2011's most buzzed about CEO. Forbes Leadership Blog.Retrieved from http: //www.forbes.com/sites/susanadams/2011/11/30/ceos-with-the-best-and-worstonline-buzz/.

[10] Brady, D. (2012, July 26). God and gay marriage. *Businessweek*.

［11］ Hsu, T. (2013, January 17). Whole Foods CEO regrets comparing Obamacare to fascism. *Los Angeles Times.*

［12］ Harry Woods, partner –creative director at Woods Witt Dealy & Sons, quoted in Parekh, R. (2009, September 14). Ten things to think hard about before featuring the chairman in advertising. *Advertising Age.*

［13］ Fiske, S. T., & Dépret, E. (1996). Control, interdependence, and power: Understanding social cognition in its social context. InW. Stroebe & M. Hewstone (Eds.), *European review of social psychology* (Vol. 7, pp. 31–61). New York: Wiley. Dépret, E. F., & Fiske, S. T. (1999). Perceiving the powerful: Intriguing individuals versus threatening groups. *Journal of Experimental Social Psychology*, 35, 461 –480. Stevens, L. E., & Fiske, S. T. (2000). Motivated impressions of a powerholder: Accuracyunder task dependency and misperception under evaluative dependency. *Personality and Social Psychology Bulletin*, 26, 907–922.

［14］ Fazio, R. H., & Zanna, M. P. (1978). Attitudinal qualities relating to the strength of the attitude–behavior relationship. *Journal of Experimental Social Psychology*, 14, 398 –408. Fazio, R. H., & Zanna, M. P. (1981). Direct experience and attitude –behavior consistency. In L. Berkowitz (Ed.), *Advances in experimental social psychology* (Vol. 14, pp. 162 –203). New York: Academic Press.

［15］ CEOs in advertisements. (2012, March 3). AceMetrix.com. Retrieved from www.acemetrix.com/spotlights/insights.

［16］ Celebrity advertisements: Exposing a myth of advertising effectiveness. (2011, January 1). AceMetrix.com. Retrieved from www.acemetrix.com/spotlights/insights.

［17］ Ibid., 7–8.

〔18〕 The Prosumer Report: The future of the corporate brand (Vol. 4). (2008). Retrieved from http: //www.slideshare.net/eurorscgww/the –future –of – thecorporate–brand.

〔19〕 Bass, B. M. (1990). From transactional to transformational leadership: Learning to share the vision. *Organizational Dynamics*, 18, 19–31.

〔20〕 Ibid., 24.

〔21〕 Russell Weiner interview.

〔22〕 Ibid.

〔23〕 Tate Dillow: The man behind Domino's new chicken. (2011, February 28). Retrieved from http: //www.youtube.com/watch? v=ghc8b8LRmMQ.

〔24〕 Russell Weiner interview.

〔25〕 Ibid.

〔26〕 Ibid.

〔27〕 Retrieved from http: //www.facebook.com/Dominos/app_25118033831 6991.

〔28〕 Retrieved from http: //more.dominos.com/show–us–your–pizza–sunset/www/images/gallery/desktop/img.show_us_your_pizza_photo_6_by_geoff_r.jpg.

〔29〕 Retrieved from http: //more.dominos.com/show–us–your–pizza–sunset/www/images/gallery/desktop/img.show_us_your_pizza_photo_6_by_ania_g.jpg.

〔30〕 Domino's show us your pizza. (2011, February 17). Retrieved from http: //www.youtube.com/watch? v=Aqy8mAs–Izk.

〔31〕 Russell Weiner interview.

〔32〕 Kelman, H. C. (1958). Compliance, identification, and internalization: Three processes of attitude change. *The Journal of Conflict Resolution*, 2 (1), 51–60.

〔33〕 Fiske & Taylor, 2013.

［34］Tim Cost interview with Chris Malone, February 2, 2013.

［35］Ibid.

［36］Hogg, M. A. (2001). A social identity theory of leadership. *Personality and Social Psychology Review*, 5 (3), 184–200.

［37］Hains, S. C., Hogg, M. A., & Duck, J. M. (1997). Self–categorization and leadership: Effects of group prototypicality and leader stereotypicality. *Personality and Social Psychology Bulletin*, 23, 1087–1100.

［38］Malone, C. (2011, June). Phase 3 Brand Warmth & Competence Study.

［39］Mar, R. A. (2011). The neural bases of social cognition and story comprehension. *Annual Review of Psychology*, 62, 103–134.

［40］Quirk, M. B. (2011, March 30). Debunking the creation myths behind5 huge companies. *Consumerist*. Retrieved from http://consumerist.com/2011/03/30/the–creation–myths–startups–told–to–get–a–foot–in–the–door/.

［41］Cassano, E. (2011, September 1). How Patrick Doyle faced the reality ofnot being the best–and took steps to put Domino's back on top. *Smart Business Network*. Retrieved from http://www.sbnonline.com/2011/09/how –patrick–doyle–faced–the–reality–of–not–being–the–best–and–tooksteps–to–put–domino's–back–on–top/.

［42］Vandello, J. A., Goldschmied, N. P., & Richards, D. A. R. (2007, December). The appeal of the underdog. *Personality and Social Psychology Bulletin*, 33 (12), 1603–1616.

［43］Ben and Jerry's to Unilever, with attitude. (2000, April 13). *New York Times*.

［44］Retrieved from http://www.benjerry.com/company/timeline.

［45］Ibid.

[46] Ben and Jerry's to Unilever, 2000.

[47] How Richard Branson works magic. (1998, October 1). *Strategy + Business*, Fourth Quarter, 13.

[48] Ibid.

[49] It is a very sad day –Branson. (2007, February 24). *BBC News*. Retrieved from http: //news.bbc.co.uk/2/hi/uk_news/6392935.stm.

[50] Ibid.

[51] Ibid.

6

[1] Prior driver of Lexus says pedal stuck; Sheriff report faults mats in Aug.crash. (2009, December 5). *San Diego Union–Tribune*.

[2] Ibid.

[3] CHP releases 911 call in officer's fi ery crash. (2009, September 10). *San Diego Union–Tribune*.

[4] Fatal Toyota crash detailed. (2009, October 25). *Los Angeles Times*.

[5] Polk & Co. (2010, January 13). Retrieved from http: //polk.phire-branding.com/company/news/polk_announces_2009_model_year_automotive_loyal-ty_award_winnersR.

[6] 2009 Auto Reliability Study. (2009, October 29). Retrieved from Consumer Reports.org.

[7] Fatal Toyota crash detailed. (2009, October 25). *Los Angeles Times*.

[8] "Like a car on a slingshot." (2010, February 28). *Los Angeles Times*.

[9] Fatal Toyota crash detailed. (2009, October 25). *Los Angeles Times*.

[10] Toyota gets intense new scrutiny. (2010, February 17). *Los Angeles Times*.

［11］ Toyota cited $100 million savings after limiting recall. (2010, February 22). *New York Times*.

［12］ Toyota's focus was recall costs. (2010, February 22). *Los Angeles Times*.

［13］ An apology from Toyota's leader. (2010, February 25). *New York Times*.

［14］ Toyota on pace to outsell all its rivals worldwide. (2012, November 24) . *Los Angeles Times*.

［15］ Toyota gets intense new U.S. scrutiny. (2010, February 17). *Los Angeles Times*.

［16］ Toyota on pace to outsell all its rivals worldwide. (2012, November 24). *Los Angeles Times*.

［17］ Toyota tries to get back on track. (2010, February 2). *Los Angeles Times*.

［18］ House of Representatives Committee on Oversight and Government Reform. (2010, February 24).

［19］ Tylenol's rapid comeback. (1983, September 17). *New York Times*.

［20］ Children's Tylenol and other drugs recalled. (2010, May 1). *New York Times*.

［21］ What's ailing J&J-and why isn't its rep hurting? (2010, May 10). *Advertising Age*.

［22］ This chart is a composite of seven separate studies conducted by the authors between July, 2010 and February, 2013 with over 5, 000 U.S. adults. However, some of these studies had differing sample sizes and methodologies, so the data have been normalized to account for these differences.Nonetheless, this chart is intended for illustration purposes only and shouldnot be considered definitive. It should also be noted that while interesting, this chart is a relative comparison of how the U.S. adult population viewsthese companies and brands, and therefore is not necessarily representative of the customers that actually pur-chase these products and services. Importantly though, it reflects a pattern of perceptions and emotions that isvery similar to that found in social perception studies of human stereotypes and bias. This strongly suggests that warmth and competence are guiding ourthoughts and behavior in both contexts.

[23] Consumers steer clear of the Audi 5000 S. (1986, December 28). *Washington Post*.

[24] Ibid.

[25] Toyota recall costs: $2 billion. (2010, May 1). *New York Times*.

[26] Toyota to pay $1.1 billion in recall case. (2012, December 26). *CNN Wire*.

[27] Proverbs 16: 18.

[28] Exline, J. J., Baumeister, R. F., Bushman, B. J., Campbell, W. K., &Finkel, E. J. (2004). Too proud to let go: Narcissistic entitlement as a barrier toforgiveness. *Journal of Personality and Social Psychology*, 87 (6), 894-912.

[29] Levinson, W. (1997, February 19). Physician-patient communica-tion: The relationship with malpractice claims among primary care physicians and surgeons. *Journal of the American Medical Association*, 277 (7), 553-59.

[30] Brennan, T. (1996, December 26). Relation between negligent adverse events and the outcomes of medical-malpractice litigation. *New England Journal of Medicine*, 335 (26), 1963-67.

[31] Helmreich, R., Aronson, E., & LeFan, J. (1970). To err is humanizing sometimes: Effects of self-esteem, competence, and a pratfall on

interpersonal attraction. *Journal of Personality and Social Psychology*, 16 (2), 259–264.

[32] There were exceptions, though, in the reactions of student test subjects who, in a personality test, ranked either exceptionally high orexceptionally low in self–esteem. Among these particular students, those who saw the highly competent applicant spill the coffee actually ranked him lower for likeability. Researchers could only speculate that among extremely high –self – esteem subjects, the coffee spill was taken as a signof inferior status, while the low –self –esteem subjects possibly have rigidlyhigh expectations for people of high accomplishments.

[33] Cook, T. (n.d.). To our customers. Retrieved from http: //www. apple.com/letter–from–tim–cook–on–maps/.

[34] Epstein, Z. (2012, September 20). Apple'siOS 6 Maps App is awful, and now the world knows it. BGR.com. Retrieved from http: //bgr.com/2012/09/20/apples–ios–6–maps–criticism/.

[35] Tim Cook interview with Brian Williams (2012, December 6). *Rock Center*, NBC–TV.

[36] J&J recall watch: More musty –smelling Tylenol caplets. (2011, March 29). *Wall Street Journal*.

[37] The full text of the Johnson & Johnson credo can be retrieved from http: //www.jnj.com/connect/about–jnj/jnj–credo/.

[38] McCullough, M. E., Rachal, K. C., Sandage, S. J., Worthington, E. L., Jr., Brown, S. Wade, & Hight, T. L. (1998, December). Interpersonal forgiving in close relationships II : Theoretical elaboration and measurement. *Journal of Personality and Social Psychology*, 75 (6) 1586 –1603. http: //www.psy.miami.edu/faculty/mmccullough/Papers/Interpers%20Forgiving _

II.pdf.

［39］Ibid.

［40］Liker, J., & Ogden, T. N. (2011). *Toyota under fire*: *Lessons for turning crisisinto opportunity* (loc. 3186). New York: McGraw–Hill.

［41］Johnson & Johnson recalls Infants' Tylenol. (2012, February 17). *New York Times*.

7

［1］Duhigg, C. (2012, February 19). Psst, you in Aisle 5. *New York Times Magazine*.

［2］You're getting scroogled. (2013, February 13). *Wall Street Journal*.

［3］Rusbult, C. E., Finkel, E. J., & Kumashiro, M. (2009). The Michelangelo phenomenon. *Current Directions in Psychological Science*, 18 (6), 305–309.

［4］Schlosser, E. (2001). Fast food nation: The dark side of the All–American meal. Boston: Houghton Mifflin.

［5］Full text of the "What's Wrong with McDonald's" pamphlet re-trievedfrom http://www.mcspotlight.org/case/pretrial/factsheet.html.

［6］Drucker, P. (1993). *Post –capitalist society*. New York: Harper Collins, 72.

［7］Porter, M. E., & Kramer, M. R. (2006, December). Strategy and society: The link between competitive advantage and corporate social *responsi bility*. *Harvard Business Review*.

［8］Performance with purpose. (2006). PepsiCo annual report.

［9］Kanter, R. M., Khurana, R., Lal, R., & Baldwin, E. (2012, January 30). *Harvard Business School Case*: *PepsiCo, performance with purpose, achieving the right global balance.* Harvard Business School, 6.

［10］ Performance with purpose.

［11］ Kanter, Khurana, Lal, & Baldwin, 2012.

［12］ Ibid.

［13］ Wartzman, R. (2012, April 9). The Pepsi challenge. *Forbes* online. Retrieved from http://www.forbes.com/sites/drucker/2012/04/09/the-pepsichallenge/.

［14］ 204 Mich. 459, 507, 170 N.W. 668, 684 (1919). Quoted in Clark, W. H., Jr., Vranka, L., et al. (2013, January 13). The need and rationale for thebenefit corporation: Why it is the legal form that best addresses the needs of social entrepreneurs, investors, and, ultimately, the public. White paper, 7.

［15］ Ibid., pp. 9-10.

［16］ Porter, M. E., & Kramer, M. R. (2011, January). Creating shared value. *Harvard Business Review.*

［17］ Kanter, Khurana, Lal, & Baldwin, 13.

［18］ Clark, Vranka, et al.

［19］ Lifsher, M. (2012, January 4). Businesses seek state's new "benefit corporation" status. *Los Angeles Times.*

［20］ B corporation statistics as of May 28, 2013. Retrieved from http://www.bcorporation.net/community.

［21］ Porter & Kramer.

［22］ Drigotas, S. M. (2002). The Michelangelo phenomenon and personal well-being. *Journal of Personality*, 70, 59-77.

［23］ New MBAs would sacrifice pay for ethics. (2011, May 17). *Harvard Business Review*, The Daily Stat.

关于作者

克里斯·马隆是 Fidelum Partners 公司的创始人和执行合伙人，该公司为其他公司、企业提供以科研为基础的咨询和专业服务，帮助客户在企业成长和绩效方面取得长足的、可持续的发展。

作为顾问和主题发言人，他曾与各类组织的高管合作，包括世界 500 强公司、新兴公司和非营利性组织。克里斯拥有 20 多年的销售、市场、咨询和组织领导经验，以及助推企业成长和盈利的业绩记录。他曾是精品国际酒店集团（世界排名第二的饭店特许经营公司）的首席市场营销官，爱玛客服务产业有限公司高级营销副总裁，曾就任可口可乐公司、美国职业篮球联赛和宝洁公司的高级市场营销职位。

克里斯拥有马里兰大学帕克分校的学士学位，以及宾夕法尼亚大学沃顿商学院的工商管理学硕士学位。目前，马隆和妻子及三个孩子生活在费城。

更多信息请访问 http://www.TheHumanBrand.com 或 http://www.Fidelum.com。或者可以通过以下方式与克里斯取得联系：Chirs@fidelum.com 或 Twitter@hcmalone。

······

苏珊·塔夫茨·菲斯克是普林斯顿大学心理学和公共事务的"尤金·希金斯"教授。她主攻社会认知学——尤其是从文化、人际关系和神经学方面研究由它产生出的团体意象和情感。她曾发表和出版 300 多篇文章及著作，并获得多项科学奖，曾当选美国国家科学院院士。主编出版《超越常识：法庭上的心理学》（2008）（*Beyond Common Sense：Psychological Science in the Courtroom*），《社会心理学手册》（2010 年第五版）（*The Handbook of Social Psychology*），《社会认知学手册》（2012）（*The Sage Handbook of Social Cognition*），《面对社会阶层：社会等级如何影响人际交往》（2012）（*Facing Social Class：How Societal Rank Influences Interaction*），目前，她担任《心理学年鉴》、《科学》、《心理学评论》的编辑。

苏珊曾创作两篇高水平论著：《社会认知》（2013，第四版）（*Social Cognition*）和《社会动物：社会心理学的核心动机》（2014，第三版）（*Social Beings：Core Motives in Social Psychology*）。在古根海姆基金会资助下，2011 年苏珊的罗素圣哲基金会书目《谄下媚上：等级如何划分人》（*Envy Up，Scorn Down：How Status Divides Us*）出版。她曾获得普林斯顿大学优秀指导奖。

苏珊拥有哈佛大学博士学位，并且是比利时鲁文大学和荷兰莱顿大学荣誉博士。目前她与丈夫——人口统计学家道格·梅西，以及三个女儿间或生活在普林斯顿或佛蒙特州。

更多信息请访问 http://www.fiskelab.org。

索 引
(本索引所标页码为英文版页码，见本书边码)

C

61-69；predisposition toward trust，信赖倾向，66-67；principle of worthy intentions in，顾客忠诚方面的有益意图原则，64-67；reward programs for，针对顾客忠诚度的积分回馈项目 47-54；servic ecreating，产生顾客忠诚的服务，146-148；short-circuiting with Groupon promotions，团购网促销的问题，87-90；Sprint's efforts to maintain，斯普林特为维护顾客忠诚度所做的努力，42-45；transferring to brand，转向商标，7-10；turnarounds ensuring，大反击确保顾客忠诚度，116-117；warmth and competence factors in，顾客忠诚度中的热忱和能力因素，34-36，40-42；Zane's Cycles policy for，赞恩自行车店关于顾客忠诚度的政策，78-80；Zappos' team for，美捷步的团队，94-96，98. See also loyalty tests，参照忠诚度测试

Customers：apologizing to，顾客：致歉，125-126，130；asking for forgiveness，请求原谅，109，137-140；developing mass-media messages for，推广大众媒体信息，9-10；finding lifetime value of，发现顾客的终身价值，79；listening to，倾听顾客，58-59；losing faith in companies，失去对公司的信心，10；maintaining relationships with，保持与顾客的关系，13-17，21；perceiving "one-way" thinking，对"单行线"模式的思考，72-73；"Pizza Turnaround" and honesty to，"比萨大反击"和诚信，105-110；purchasing from people they knew，从认识的人那里购买东西，6-7；putting them first，将顾客置于第一位，125-126，131-133；random acts of kindness to，对每一

位顾客充满善意，57，96；recognized by merchants，被商家认识，51-52；reorienting corporate accountability to，重新调整对顾客的责任，14-15，43-44；satisfaction with e-commerce，对电子商务感到满意，88-90，98，99；transferring loyalties toabstract brands，对抽象商标的忠诚，7-10；welcoming，受欢迎的顾客，75-77；Zappos' loyalty to，美捷步的忠诚，95. See also Customer loyalty，参照顾客忠诚度

D

Dansko，邓肯，167

Data mining，数据挖掘，154，155

Day，Christine，克里斯汀·黛伊，63-64，68-69

Deepwater Horizon crisis，深水地平线危机，28-30，31，133

Dekoy，Bob，鲍勃·德阔，58，59

Deservingness，应得的成功，81

Dillow，Tate，泰特·迪洛，114-115

Domino's Pizza：acknowledging unacceptable product，达美乐比萨：承认比萨无法令人满意，105-106，115，116，145；actions taken by leaders of，达美乐领导采取的行动，120；ensuring customer loyalty，确保顾客忠诚度，116-117，152；"Pizza Turnaround" campaign，"比萨大反击"活动，105-110，114-116，145；role as underdog，弱者的形象，121

Doyle，Patrick，帕特里克·多伊尔，105，107，108-109，110，111，112，115，116，117，121，145，152

责任编辑：梁植睿

电子邮箱：liangzhirui071@126.com

封面设计：華天設計

这本书见解深刻，用平实的语言解释了信赖为什么是任何一种健康关系的核心——不仅适用于人际关系，而且适用于公司与客户之间的相互关系。《人文品牌》这本书将促使你对目前的客户关系策略进行全新的思考，这种思考大有裨益。

——汤姆·朗（Tom Long）

米勒康盛公司首席执行官

《人文品牌》这本书将心理学的科学性与市场营销的智慧完美融合。这本书引人入胜、见解深刻、观点新颖，对于每一位想在商业中有所斩获的读者来说都必不可少。

——丹尼尔·吉尔伯特（Daniel Gilbert）

《撞上幸福》（Stumbling on Happiness）的作者，哈佛大学心理学教授

如果想要真正地、逐步地了解如何赢得顾客忠诚并建立长期的顾客关系，那么，《人文品牌》是一本必读书。这本书及时地向我们介绍了现代公司是怎样留住顾客以及怎样与他们疏离的。

——贝丝·科姆斯托克（Beth Comstock）

美国通用电气公司首席市场营销官

克里斯·马隆在洞察顾客心理方面极具天赋，他的看法与传统观点截然不同，为公司成长带来了新的机遇。在《人文品牌》这本书中，他和苏珊·菲斯克以新的视角解读品牌，帮助我们创造更值得回忆的顾客体验，搭建更大的业绩增长空间。

——拉维·萨里格拉姆（Ravi Saligram）

办公用品股份有限公司（OfficeMax Inc.）总裁兼首席执行官

苏珊·菲斯克关于热忱与能力的研究久负盛名，它解释了人类如何在潜意识中对他人和公司做出判断。对于任何想要了解人类为何做出某一选择的读者来说，《人文品牌》是一本必读书。

——珍妮弗·艾克（Jennifer Aaker）

《蜻蜓效应》（The Dragonfly Effect）的作者之一，斯坦福大学商学研究院教授

《人文品牌》从心理学方面研究顾客选择和顾客忠诚度并得出结论，见解深刻、史无前例。我们不得不重新思考对于顾客而言什么才是真正重要的，如何才能建立稳固、真正的顾客关系。

——安·穆吉科（Ann Muhkerjee）

菲多利北美公司首席营销官

上架建议 品牌管理／市场营销

ISBN 978-7-5096-4631-1

9 787509 646311 >

经济管理出版社网址：www.E-mp.com.cn

定价：55.00元

WILEY